365天
減壓秘笈

目錄

第四章　壓力管理

第五章　面對新冠病毒的壓力

第六章　求助與社區資源

編者序

　　世界衛生組織推算，到 2020 年抑鬱症會僅次於心臟病成為全球第二大疾病。抑鬱症與各種精神健康疾病都與壓力息息相關。事實上，都市人常面對各種壓力，包括讀書、工作、家庭等，十分需要了解如何管理壓力。2003 年由香港心理衛生會出版的《全方位減壓手冊》，以及幾年前出版的《全方位減壓手冊——加強版》均十分受歡迎，並已多次加印。

　　過去十多年，隨着社會的快速變化，不少新的壓力隨之而生，例如來自網絡世界及社交媒體的壓力，「贏在起跑線」的氛圍對家長及子女造成的壓力，以及全球爆發的新冠肺炎對日常生活各方面所造成的壓力等。此外，與壓力相關的各種行為問題也日益備受關注，包括飲酒成癮、濫用藥物、飲食失調、沉迷賭博，以及電玩失調等。另一方面，管理壓力的方式也越來越多元化，除了傳統心理學的模式外，也包括運動、營養、中醫食療、針灸按穴、芳香精油、書法、表達藝術治療等。

　　為此，我們重新編寫了一本《365 天減壓秘笈》，讓讀者認識壓力，壓力所引致的生理、心理及行為問題，壓力的管理

方式，在新冠疫情下如何加強抗壓力，如何鼓勵身邊的親友尋求協助，以及求助方法與社區資源等。書本內容理論與實用並重，並由跨專業團隊撰寫，包括精神科醫生、臨床心理學家、中醫師、註冊營養師、表達藝術治療師及社工等；以期從全方位的角度讓讀者認識壓力及其管理技巧。

我深信這本書對每一位需要面對壓力的市民都會十分有用，並期望這本書可以為促進整個社會的精神健康出一分力。

編者序

推薦序一

在過去的兩年，香港經歷了前所未有的衝擊。在 2019 年中出現的社會運動，親眼或者線上所看到不同種類的衝突與暴力的場面，讓很多人直接或者間接的承受了不同程度的創傷。由於不同的政見，不少人的家人、朋友、同事或者網絡的友人突然變得陌生或者敵對。人與人之間的信任與團結變得非常脆弱。接踵而來的是 2020 年經濟下行，新冠肺炎疫情的出現，給我們香港人雙重打擊。在國內、海外、本港學者，以至香港精神科醫學院的研究都不約而同地指出，患有中度到嚴重程度情緒問題的人士有顯著的增加。可是由於對精神病的偏見，很多患者也會諱疾忌醫，直到病情加重或者悲劇發生了以後才求醫，對我們的社會與家庭帶來了無可彌補的遺憾與損失。

中國人的智慧常言「病向淺中醫」，對於精神病而言，實在是至理名言。這本由香港心理衛生會經歷一年多而出版的新書，正好在我們這個艱難的歲月裏準備了一個應急錦囊。書裏面以淺白的語言把有實證醫學支持的理論，精要的道出。讓我們的社會大眾，以至患有壓力相關的情緒問題的人士，都可以

理解壓力的來源、壓力的處理及常見的情緒問題的處理方法。
更難得的是書裏面也有社會裏處理相關情緒問題的社福機構，
好讓有需要的讀者能得到可靠的資訊渠道。在此我代表香港精
神科醫學院祝賀並感謝香港心理衞生會，再度為香港市民大眾
的精神健康所作出的貢獻，也祝願香港能盡快走出陰霾，體現
獅子山下的精神，重新建立和諧與健康的香港。

吳文建醫生
香港精神科醫學院院長

推薦序二

　　活在大千世界，每個人都有壓力。放眼望去，不管是早晨匆匆返工的腳步，還是傍晚疲憊的身影，壓力無所不在，如影隨形，好似柴米油鹽醬醋茶之外的第八種生活常備。都說適當的壓力對於生活是件好事，但是，當下社會，絕大多數人所面對的是壓力爆棚。如何應對壓力，實是人生第一要事。

　　要應對壓力，就需要認識壓力。壓力是甚麼？其實我們不少人意識不到自己正承受的壓力，很多時候，若與其交談，他（她）會告訴你沒有壓力，但是行色匆匆、面容憔悴、眼神憂鬱、坐立不安、語速或急或緩，表現出焦慮、抑鬱、緊張、失眠，及至一系列身體的不適，包括胃腸（反酸、便秘或腹痛、腹瀉等）、呼吸（氣喘、胸悶、咳嗽等）、心血管（心慌、心前區不適、頭暈等）、免疫系統（濕疹、皮疹、抵抗力低下等）等的不適表現，這些表現，其實就是機體在壓力之下，各個器官、系統不能維持正常工作狀態的結果，是壓力的外在表現。而起因恰恰正是其所承受的「壓力」。這些「因」與「果」之間的關聯，在不同的人身上，反應有異，同一個因，

可能是一個人的壓力，但對另一個人可能完全沒有影響，而這個差異，則來自於不同個體對於「造成壓力結果的因」的內在化解能力。 因此，對於壓力的應對，可分為三個層次：一是避免、化解或者釋放「造成壓力結果的因」；二是提升自我對不同「造成壓力結果的因」的內在化解能力；三是對業已形成的壓力結果的應對處理方式。當然，很多時候，這三個方面不能截然分開，就像我們說的壓力，實際上已經包括了這三個方面的因素一樣。這三方面的處理應對，需要智慧、耐力以及實踐等。

　　有道是「懂得避開問題，勝於知曉如何解決問題」，但是日常生活中「避開問題」又談何容易。懂得避開，需要經驗、需要智慧、還要看機緣。不是所有的「問題」都可如你所願能夠避開。如果避不開，如影隨形，那又怎麼辦？那麼提升自我對於「造成壓力結果的因」的內在化解能力，是應對之策。每個人都有一個內在的「壓力處理器」，有的非常強大，可以化解絕大部份「造成壓力結果的因」，而不影響日常生活；有的

推薦序二

「壓力處理器」可能相對脆弱，對「造成壓力結果的因」的化解較難，而且常易於將其放大，由此形成一系列逐步疊加的果，影響日常生活。就每個獨立個體而言，尋找自我適宜的、提高「壓力處理器」化解能力的方案難以千篇一律，但是，若每人都可回顧分析「因」與「果」的關聯，找到影響化解能力的因素，並予以改善，對於提升「壓力處理器」化解能力會很有幫助。

我的一位病人，有一段時候易於煩躁、憤怒，我讓他將一個個日常的過程事後回放，並以第三方的角色去觀看整個情緒的起承轉合，仔細分析其原因與結果，找到由「正常」到「憤怒」的引爆點及引爆的內在因素，找到「壓力處理器」失衡的原因，逐步克服並加以訓練，最後慢慢平復了自己，並渡過難關。對於已形成的壓力結果的應對及化解，亦十分重要，結果的持續，會影響日常生活和工作狀態，長遠而言，會嚴重影響健康。在這個過程中，除了找到應對方案以解決出現的問題，很重要的一點是對克服壓力的毅力與決心，那將是走出壓力陰霾的燈塔。

《365 天減壓秘笈》，由一眾專業領域的翹楚合作完成，全方位介紹了應對壓力的方法，並結合實際案例，深入淺出，淺顯易懂，實為難得的應對日常壓力的一本好書。

壓力的應對與管理，是人生必修之課，諸君若浮生有閒，開此卷，必有益。「莫思身外無窮事，且盡生前有限杯」，「心地清淨方為道，退步原來是向前」，與君共勉。

卞兆祥教授
庚子年春香港浸會大學
曾肇天中醫藥臨床研究講座教授

推薦序三

　　從小到大我都在承受着壓力，17歲開始承受養家的壓力，19歲加入演藝圈承受着半紅不黑（可能連半紅都不如）的壓力；27歲承受着突如其來的守得雲開見月明，事業好到自己都不相信的壓力；30歲便承受着從事業高峰跌落谷底的壓力；三十多歲至四十多歲一直承受着「如何保證高收視率」的壓力……以上都是別人眼裏張衛健所承受的壓力，但於我本人而言，當經歷以上種種事情的時候，我是如何度過的呢？

　　首先，我會祈禱，尋求天主的助佑，因為我是天主教徒，但祈禱完之後呢？所謂 We do our best and let GOD leads the rest！之後我會對自己講：「有一個家讓我養是我的福氣……」

　　這一輩子都沒機會做男主角也沒關係，至少我可以以我的興趣作為我的終身事業，我已經很開心了……

　　下個月可能不夠錢交房租？沒關係，今天有飯吃已經不錯了……

　　到了連一個飯盒都買不起的時候，我會想飯堂的老闆真好，可以讓我賒賬，我又有很多朋友借錢給我開飯，我很幸福呀！

總之，無論水有多深，火有多熱的任何時候，我總會找到開心的理由！或許我在誤打誤撞的情況下，無心插柳地演繹了魯迅先生於《阿Q正傳》中宣揚的阿Q精神吧！

　　如果你問我，我的減壓方法管用嗎？我會告訴你：「當然有效，我就是這樣長大的！」但我有理由相信，如果我的成長期放在今天的話，我的「管理壓力」方法會有更多途徑，囚為今天有一本書發行了，我可以從中取經，它的書名為《365天減壓秘笈》。

　　這是一本集精神科醫生、臨床心理學家、中醫師和職業治療師等共同撰寫，並由香港心理衞生會編製，關於壓力管理的新書。這本書內容十分廣泛，無論壓力症狀、成因、壓力引發的生埋及心埋問題均有論及，更重要的是書中提及的減壓方法十分全面及多樣化，包括運動、靜觀、中醫食療、針灸、表達藝術、書法、音樂及認知治療等，減壓秘笈可説是實至名歸。以上所提及的減壓方法大部份顯淺易明，讀者都能明白並嘗試實行，是一本十分實用的減壓書，具有很高的參考價值。

　　最後，祝大家都能在一個有動力而沒壓力的天空下，細味人生。

張衞健
知名藝人

第一章
壓力是甚麼

了解壓力

葉沛霖醫生
精神科專科醫生

甚麼是壓力？

相信每個人都感受過不同程度的壓力。壓力是我們面對挑戰、困難和轉變時，所產生的心理、生理和行為的反應。例如我們面對考試（挑戰），就可能產生緊張（心理），腸胃不適及心跳（生理），以及對社交及興趣減少（行為）的反應。

面對同一件事件或困難，不同人可以有非常不同的壓力反應，所以壓力不只是取決於挑戰或困難本身。

壓力就好像一個天秤的兩邊，一邊是所面對的挑戰或困難，另一邊是應付壓力的資源。假如年三十晚將至，你要為一家人預備「九大簋」作團年飯，你可能第一時間感到很大壓力；但如果你有很多資源去應付此事，例如子女分工合作，有人買餸，有人預備食材，煮的時候一起幫手，家中最近亦添置了洗碗碟機。那麼，即使面對同一挑戰，但感受到的壓力可能大幅減少。相反，有時面對的挑戰看似很輕，例如只是一個覆

蓋基本課程內容的小測，但假如你平時完全沒有準備，測驗前一晚遇到不明白的部份卻找不到人求助，那麼這個看似簡單的小測，也可以帶來不少壓力。

除了挑戰／困難及資源之外，也有很多其他因素會影響壓力反應，包括性格、思考習慣、面對困難的態度及生理因素等。在本章其後再作詳述。

壓力的正面／負面作用

壓力一定是負面的嗎？沒有壓力是不是就是最好呢？早於1908 年，兩位心理學家 Robert M. Yerkes 及 John Dillingham Dodson 研究壓力與表現的關係時，發現當壓力水平太低時，我們會覺得沉悶，沒有動力，表現水平也會較低。當壓力逐漸增大時，我們會較有動力，精神較集中，工作效率及表現也會提升，直至一個「適中點」的壓力，可以產生最佳的工作表現。但當壓力進一步上升時，身心的壓力反應會增加（見下文），出現情緒困擾甚至各種情緒或精神疾病，導致工作表現下降。因此，適當的壓力可以導致最佳的表現。

至於適當的壓力水平是多少？這是因人而異。有些人要把每天的工作或日程都排得密密麻麻，才覺得充實有意義，但有些人則需要比較多的休息或休閒時間；有些人喜歡生活充滿挑

戰及變化，但有些人則喜歡安穩。我們不需要和其他人比較，最重要的，是找出對自己來說最適中的壓力水平。

壓力的徵兆

壓力可以產生以下四大類的反應：

(1) 焦慮：情緒緊張、驚恐、擔憂，身體可能出現各種不適，例如頭暈、頭痛、手震、心跳、心翳、呼吸急促、呼吸困難、胃痛、消化不良、肚痛、肚瀉、冒汗、手腳麻痹、發冷發熱。

(2) 情緒低落，對事物失去興趣，無精打采等。

(3) 易怒，經常發脾氣，容易激動，情緒波動等。

(4) 失眠，發噩夢，食慾失調（包括沒有胃口或暴食）。

有甚麼可以引起壓力？

1. 人生大事（Life Event）

相信我們都試過在面對一些人生大事（例如失業、結婚、家人去世等）時感到壓力。早於 1967 年，兩位精神科醫生 Holmes and Rahe 透過研究病人的醫療記錄，發現一個人在一年內所經歷的人生大事愈多或愈嚴重，未來兩年身體患病的機會也愈大。他們列舉了四十三項產生最多壓力的人生大事，並

給每一項一個分數，引致的壓力愈大便愈高分。根據他們的統計預測模型，如分數介乎 150-299，未來兩年出現身心健康問題的機會為 50%，達 300 分或以上的話，其機會更高達 80%。

根據這項研究，引致最大壓力的十件人生大事為：配偶喪生（100 分），離婚（73 分），跟配偶分開（65 分），坐監（63分），家人喪生（63 分），個人患病或受傷（53 分），結婚（50 分），被公司開除（47 分），跟配偶復合（45 分），退休（45 分）。詳情請參閱附表：

事件	生活事件	事件壓力程度價值（分數）
1.	配偶死亡	100
2.	離婚	73
3.	分居（婚姻）	65
4.	入獄	63
5.	近親或家庭成員死亡	63
6.	個人疾病或受傷	53
7.	結婚	50
8.	被解僱	47
9.	破鏡重圓	45
10.	退休	45
11.	家人的健康情形改變	44
12.	懷孕	40
13.	性困難	39
14.	家庭成員增加（新生兒降臨）	39
15.	事業再適應	39

16.	經濟狀況改變	38
17.	好友死亡	37
18.	換不同的工作	36
19.	與配偶爭執的次數改變	35
20.	房屋貸款超過美金一萬元 （註：數額依各地狀況改變）	31
21.	抵押品贖回權被取消	30
22.	工作職責的改變	29
23.	子或女離家	29
24.	與姻親發生衝突（或有問題）	29
25.	個人非凡的成就	28
26.	妻子開始或停止工作	26
27.	學期開始或結束	26
28.	生活起居、環境等的改變	25
29.	改變個人習慣	24
30.	與上司不合	23
31.	工作時間或條件改變	20
32.	搬家	20
33.	轉學或重回學校	20
34.	改變休閒習慣	19
35.	改變宗教活動	19
36.	改變社交活動	18
37.	新增小額的貸款	17
38.	睡眠習慣改變	16
39.	家人團聚次數改變	15
40.	飲食習慣改變	15
41.	重要節日或假期	13
42.	聖誕節（新年）	12
43.	輕微違法（如交通罰單）	11
總分		

365天
減壓秘笈

低於 149 分	風險程度：一般 大約有 30% 的機會罹患身心疾病。
150~299 分	風險程度：中等 大約有 50% 的機會罹患身心疾病。
300 分以上	風險程度：較高 大約有 80% 的機會罹患身心疾病。

* 原出處為：Holmes，T. H.，& Rahe，R. H.（1967）.
The social readjustment rating scale. Journal of Psychosomatic Research，11，213-218.

當然，以上的壓力量表已經是五十多年前提出，隨着時代轉變，一些新的壓力也隨之出現（例如網絡欺凌）。此外，這些人生大事引致的壓力在不同的社會文化中也會有所分別；但整體來說，人生大事愈多，引致的壓力愈大，對身心健康的影響也會愈大。

2. 工作

香港生活節奏急促，一些研究更顯示香港工作時間之長在全世界名列前茅。工作壓力可以來自沉重的工作量、不同的「死線」（deadline）、來自上司或同事的要求、與上司和同事的相處、辦公室政治等。隨着近年通訊工具的廣泛使用，工作與私人時間的界線變得模糊，在下班後或假期時也可能要回

覆或處理公司的信息或電郵，也逐漸成為一種新的壓力。

3. 家庭

近年社會上盛行「贏在起跑線」概念，競爭日趨激烈，無論小朋友及家長都承受巨大壓力。小朋友一出生，家長已經要計劃學前班，小朋友幾歲已經要學習各樣樂器、運動、藝術、課外活動，參加各樣比賽；到小學面試，同學及家長之間也不停在比較，壓力沒完沒了。另一方面，本港「家庭友善」的職場文化並不盛行，不少家長工時長，工作也很繁忙，回家後再繼續照顧家庭，休息時間不足，引致身心俱疲。

4. 財政困難

本港的貧富懸殊日益嚴重，生活成本（例如租金及物價）不斷上升；另一方面，隨着經濟轉型，有些人的工作技能未能隨之適應，令失業或開工不足的情況出現，影響了收入，對不少人構成具大的生活壓力。若遇上經濟不景，這方面的壓力便更大。

5. 網絡世界／社交媒體

近年網絡及社交媒體發展一日千里，也帶來了新的壓力：

　　（i）不少未經求證的資訊容易廣泛傳播，當中部份可引起大眾不安或恐懼。

　　（ii）一些有關個人的資料、文字、圖片、甚至片段等，可以在網絡或社交媒體廣泛流傳，並引起廣泛討論、取笑、甚至攻擊、恐嚇。也有一些人被「網上起底」，繼而受到網上欺凌等。

　　網絡世界及社交媒體的特點是傳播速度快，對象廣，並且持續一段時間，可以把一件事件的傷害以倍數放大，對受影響

23

者造成巨大壓力。

影響壓力的因素

　　如之前所描述，壓力就好像是一個天秤，一邊是面對的挑戰，另一邊是應付挑戰的資源；所以，能夠影響這兩方面的因素，都是可以影響壓力的因素。

挑戰方面

（i）挑戰的性質

　　挑戰的內容、困難程度、複雜程度等，對壓力的大小有直接的關係。

　　（ii）個人的目標／要求：如果你是完美主義者，對自己及對其他人要求都很高，每樣事情都要做到一百分，那面對同一挑戰，你感受到壓力很可能比其他人都大，因為現實生活中很多事情都未必如想像中完美，也有很多我們控制不到的因素會影響結果，其他人也很可能不是我們可以控制的。如果你是完美主義者，可能會經常因事情的發展或結果未如理想而感到失望；又或者常常要在一系列自己無法控制的因素中保證結果完美，自然感到巨大壓力。

資源方面:外在

(i) 家人及朋友支援

　　面對壓力時,家人及朋友有時候可以提供實際的幫助,例如一位媽媽患上抑鬱症,處理家務及照顧小朋友感到困難時,家人或朋友可以幫忙,使患者能暫時減輕壓力,爭取時間接受治療,對康復會有幫助。除了提供實質的幫助,家人及朋友也能提供情緒支援,在你面對壓力時讓你傾訴,聆聽你的困擾及感受,讓你知道面對困難時不是自己一個人面對,這就已經有很大幫助。筆者遇過不少受壓力困擾的人,感覺遇到困難時根本沒有任何人可以傾訴,這本身就已經是很大的壓力。

（ii）社區支援

當我們遇到某些壓力，例如經濟困難、住屋、照顧小朋友、自己或家人患上嚴重疾病等，社區的支援及資源都顯得非常重要。這些資源包括社會福利署、非牟利團體、病人或家屬互助團體等，它們所能夠提供的資源及協助，亦是影響壓力的一個重要因素。

資源方面：內在

（i）成長經歷

大量醫學研究發現，於成長期面對不愉快經歷或逆境（例如被照顧者虐待、疏忽、家庭暴力、欺凌等）會增加日後患上各種情緒及精神疾病的機會。心理學家對此有不同解釋，動力心理學家相信早年逆境可能影響個人潛意識的心理防衛機制，行為模式等；行為心理學家相信早年逆境可能影響個人對自己、他人及世界的核心信念（core beliefs）及形成各種功能失調的假設（dysfunctional assumptions），使個人在面對壓力事件時，容易自動出現負面思想，從而影響情緒。例如一位在家中被忽略甚至虐打，在學校被排擠的小朋友，可能會產生各種負面的核心信念：自己是沒有價值／不值得被愛的、身邊的人是不可信的、世界是險惡的等等。他也可能在成長的過程中，

形成各種功能失調的假設，例如認為要別人喜歡自己，就要盡量配合其他人的要求（即使這些要求是無理，甚至對自己構成傷害的）。這些負面的核心信念及功能失調的假設，會在日後被不同事件所勾起，從而產生一些自動化負面思想（Negative Automatic Thoughts）。例如剛才提到的小朋友，讀大學時要在課堂中作一個專題報告，就可能會面對很大的壓力，因為他相信自己沒有能力把報告做得好，又相信其他人只會嘗試從他的報告中找錯處去批評他。當他在做專題報告時，如果見到有同學在傾談，可能就會自動出現「他們又在批評我了」、「一定是我的報告做得糟透了」等負面思想，引起沮喪／失望的情緒。由此可見，成長經歷對壓力的反應及情緒均有重大的影響。

近年亦有較大型的分析指出，早年的逆境與身體對壓力產生的賀爾蒙反應失調相關（主要由下腦丘—腦下垂體—腎上腺軸負責），從而影響日後面對壓力時的生理及心理反應，對情緒的調節，從而增加患上情緒病的機會。

（ii）性格及思考模式

性格可以理解為一個持續性的內在經歷及行為模式，一般表現為思想、感受、人際關係及衝動控制的模式。性格與壓力

有着密切的關係。如果有以下的性格或思考模式會較容易感到壓力：

● 完美主義：如上文所説，完美主義者常常要求做足一百分，承受的壓力固然較大，因結果未如理想而失望的機會也較大。此外，完美主義者有時也會對其他人要求特別高，甚至要求其他人按照他自己的標準或模式處事，導致關係緊張甚至發生衝突。

● 過度渴望他人滿意及讚賞：渴望被人認同及欣賞是人之常情，但如果過度渴望被人欣賞，只有被人讚賞時才覺開心，沒有得到讚賞甚至被批評時便情緒低落，這樣的話每天的情緒也可能反覆，並不能自主。相反，如果自己覺得滿意是因為做了自己認為對的事情，達到自己訂下的標準，問心無愧，這樣情緒會比較穩定，亦較能自主。

● 災難化思想：有些人習慣把事件的嚴重程度及後果不斷放大，以至出現「災難性」的後果。舉例説，當他出現一兩次心悸，便可能害怕自己患上心臟病，繼而擔心影響將來的工作能力，導致家人面臨財政困難，再導致家人關係日益惡化甚至離自己而去等。雖然以上每一步都是有可能出現的，但心悸也有很多可能性，如果尚未檢查清楚之前就集中於最擔心的可能性，再從那裏不斷往差的方向延伸，日常生活遇到不同的事件

都想到災難性的後果，那麼每天感受到的壓力必定更大，也增加了出現焦慮或抑鬱症狀的機會。

● 選擇性推斷：很多事件都有兩面——有正面的，也有負面的；但如果我們習慣只留意負面的細節，卻忽略正面的細節，很多時候就會得出負面的結論，並容易常常產生焦慮或低落的情緒。例如我作一場公開演講，見到前排有一位觀眾正在睡覺，便可能自動出現一個想法：「一定是我講得太沉悶了」。但是，我可能沒有留意到，全場大部份觀眾也聽得很專心，我向台下觀眾發問時也有不少人積極反應等正面的訊號。前排那位睡着的觀眾可能是他之前一晚睡得不好，或身體不適服藥後很睏等，不一定是因為我講得不好才睡着。但如果我習慣選擇

性留意負面的細節的話，就很容易跳到這個結論，即時產生壓力及影響情緒。

● 過份地把責任歸於自己——有些事情是我們責任範圍，及控制範圍之內的，但也有不少是我們責任範圍及控制範圍之外的。如果我們要將後者都變為自己責任，要為一些我們管不了、控制不了的結果而負責，那我們面對的壓力必定很大。筆者曾經治療過一位患情緒病的媽媽，她最困擾的原因是兒子跟女朋友分手，但她只喜歡兒子的前女朋友，經常希望兒子跟她復合。當然，兒子的選擇不是媽媽可以左右，兒子沒有改變選擇，媽媽的情緒困擾也持續了一段時間；每次複診，除了調校藥物，我都反覆向她解釋，希望她明白這個道理。

處理壓力方式

每人都有不同處理壓力的方式，有些人會和家人或朋友傾訴，有些人會做自己喜歡的嗜好減壓，有些人會睡覺避免想到壓力的事情，有些人會飲酒等。

和可以信任的家人及朋友傾訴，是一種正面的方式。家人及朋友除了實際上的幫助，更可提供情緒上的支援。傾談也是一個宣洩情緒的重要途徑。其他健康的處理壓力方式，例如請人幫忙提供協助解決困難、做運動、聽音樂等，都有

助處理壓力。

　　相反，不健康的處理壓力方式，包括逃避（逃避不能解決問題，相反，越逃避，問題越滾越大，最後更難處理），壓抑（心理學上發現人是不能壓抑自己的情緒的——越是壓抑，情緒就越持續）。有些人透過飲酒、吸煙甚至濫用藥物等方式減壓。這些方法或許能短暫時間內使人放鬆一點，但長遠來說，反而導致更多問題，從而製造更多壓力。例如吸煙，長遠會導致不同的身體問題；過量飲酒，長遠除了影響健康之外，更可能影響工作、與家人關係等。所以，應避免以不健康方式處理壓力。

　　以健康方式處理壓力是十分重要的，本書之後的章節會介紹各種健康的處理壓力方式。

結語

　　本章簡介了壓力的性質、徵兆、作用，以及不同影響壓力的因素等。在本書以下章節，會較詳細探討壓力對身心的影響，以及各種管理壓力的方法。

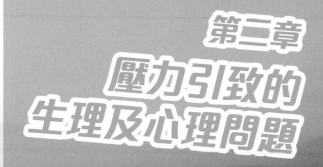

第二章
壓力引致的
生理及心理問題

壓力引致的生理及心理問題

黃麗儀醫生
精神科專科醫生

個案

耳畔響着時鐘規律的「滴答」聲，眼光光的看着街上的車頭燈不時在窗邊閃亮。小明躺在床上，腦中全無睡意。小明已經想不起上一次一覺好眠是甚麼時候，自己又是打從甚麼時候開始恐懼起黑夜的來臨。

當然，小明並不是打從出生起就面對失眠的問題。他自小家教甚嚴，養成他作息定時、做事一絲不苟的性格。在學習階段，小明嚴格地要求自己，努力不懈溫習功課。幾經辛苦，他以一級榮譽完成大學課程。

畢業以後，他在一間投資公司工作。從小的經歷令他深信努力不懈是達致成功之道。為了博取好表現，小明不時自發工作至深夜。年輕同事也有邀請他放工後消遣娛樂，但小明認為那只是浪費時間，往往不屑地回絕。久而久之，小明在公司恍如「孤獨精」，同事們都對他敬而遠之了。

　　小明自問每事盡心盡力，理應能夠於工作上獲取成功，但事與願違。「一分耕耘一分收穫」似乎未能應用在職場上。由於未能與同事好好合作，以及長期的勞累，令到小明脾氣暴躁，上司也不時對他表達不滿。小明深感挫折，自覺懷才不遇。自幼自己所秉承的處事作風，在學習時代令他無往不利，何以在職場上卻未能幫助自己？倔強的小明仍然堅持晝夜不分地工作，但是日積月累的壓力，令小明開始覺得力不從心，他經常感到焦慮煩躁，日日夜夜腦中都在擔憂公事，食不知味，整個人變得憔悴消瘦、無精打采。最令他困擾的是每當需要會見客戶時，胃部都絞扭似地疼痛着。小明開始懷疑自己是否患有隱疾，可是看了不同的醫生，做了很多檢查，都說他的身體機能正常。長期的疲勞和壓力，令小明的身心崩潰。他開始不

時請病假，上司對他的不滿越積越多，言辭間甚至暗示要辭退他。

　　小明的家人非常擔心小明的情況，最後親友建議他去看精神科醫生。經過幾次的問診和藥物的治療。小明了解到自己的問題是出於對壓力處理的忽視，導致自己患上了情緒病。小明遵從醫囑，重新編排自己的生活。他把工作辭掉了，用時間多做一些減壓的活動。很快地，小明輕鬆下來，面上出現久違的笑容。經歷過疾病，小明深切地感受到壓力是如何可以摧毀一個人的身心於無形。經過一輪治療，小明的生活重上軌道。自此以後，小明不時都提醒自己及身邊人，壓力處理的重要性。

　　從小明的個案，我們可以了解到壓力可以導致不同的身體不適，這些不適會讓人以為自己患上某些疾病，這些擔憂形成另一種壓力，導致惡性循環。不少人因此不停求醫，試圖找出身體的毛病，直至認識到這些不適，實際上是源自壓力時，已經不知走了多少冤枉路。如果我們早一些了解壓力對身心的影響，能夠及早處理或求助，就可以免除很多不必要的痛苦。

　　都市人或多或少都面對着壓力，壓力可以源自於學習、工作、照顧子女、人際關係和住屋問題等。壓力可以說是無處不在。

生理影響

當人體遇到壓力，大腦接收到信息後，會透過調節內分泌及自主神經系統去作出應對。例如腦下垂體會分泌一些荷爾蒙，影響腎上腺素的分泌。而自主神經系統會激發交感神經系統。這些調節會影響不同的身體系統。

1. 心肺系統

身體反應：心跳加速、血壓上升、血管收縮、支氣管擴張。

表徵：心悸、呼吸急促、心口不適和頭暈等。

長期的壓力會增加心臟和血管的負擔，提高血中壞膽固醇的含量，增加患上心臟病、高血壓和中風的風險。

2. 腸胃系統

身體反應：胃液減少、食道肌肉收縮、腸胃蠕動改變、增加胃酸分泌。

表徵：口乾、吞嚥困難、腹痛、肚瀉或便秘、口臭、胃痛。嚴重的可引致胃潰瘍。

腸易激綜合症（IBS）：患者面對壓力時會感到腹痛、腹脹、肚瀉（亦可為便秘）。進食某些食品或飲品，如茶、咖啡

和油膩食物，可能會令症狀加劇。

3. 肌肉系統

身體反應：肌肉收縮、繃緊。

表徵：腰痠背痛、頭肩頸痛。

患者往往認為自己的筋骨出現問題，求診於骨科醫生或跌打師傅。服食止痛藥或可解一時之痛，卻不是對症下藥的方法。

現今有不少研究顯示，情緒和身體的痛楚息息相關，兩者互有影響。痛症患者如果面對情緒壓力，身體會感受到更為強烈的痛楚；相對地，長期的痛症亦會令患者增加壓力，嚴重者甚至可以導致情緒病。

4. 免疫系統

長期的壓力會導致皮質醇的釋放增加，令免疫系統受到壓制，增加受傳染病（如流行性感冒）感染的風險。而當身體抵抗力較弱時，潛藏在人體內的一些病毒，例如 HPV 病毒會變得活躍，引致「生蛇」。

5. 生理週期

壓力會影響荷爾蒙分泌和卵巢的功能。懷孕需要安穩的環境，令胎兒穩定成長。當婦女面對長期壓力，身體會自動判斷自己為不適合懷孕的狀態，經期會變得不穩定甚至停止。壓力會影響孕婦和胎兒健康，嚴重的甚至可引致小產或早產。

6. 皮膚系統

人體在壓力下，皮膚會增加汗液和油脂的分泌，可以導致皮膚炎（脂漏性）。另外，壓力亦是其中一個誘發濕疹的原因。

心理影響

壓力和精神健康密不可分。大部份的精神疾病都可以因為壓力而形成或誘發。在這裏我們會探討最常見的情緒病。

1. 焦慮症

每個人都會因為一些事物而「憂慮」。一般而言，「憂慮」可以推動我們去解決問題。試想想，如果一個人從不感到一絲一點的「憂慮」，對身邊一切都感到安心滿意，他又有何誘因去處理事務，或改善現狀？由此可知，正常的「憂慮」可以幫助我們免於陷入困境和改善生活。

但是物極必反，過度的「憂慮」可以嚴重影響我們的身心健康，妨礙我們處理日常事務，甚至形成焦慮症。

焦慮症的病徵可以分為精神和身體兩方面：

精神方面：

- 時常感到焦慮

- 難以集中精神，腦海一片空白

- 煩躁、坐立不安

- 失眠

- 對外界刺激，例如聲響，表現出過度反應

身體方面：

▪ 心跳加速、心悸

▪ 冒汗

▪ 口乾

▪ 手震

▪ 手腳麻痺

▪ 呼吸困難

▪ 吞嚥困難

▪ 心口不適

▪ 頭暈

■肌肉繃緊、疼痛

除了外界壓力，遺傳因素、缺乏抗壓能力、思維和認知的偏差（與災難化的思維），亦是導致焦慮症的成因。

2. 抑鬱症

抑鬱症和焦慮症一樣，是常見的都市情緒病。隨着都市人面對越來越多的壓力，以及大眾對精神健康認識的增加，全球確診抑鬱症的病人近年有上升的趨勢。根據世界衛生組織的數字，全球估計共有 3.5 億名抑鬱症患者，以每年因此而自殺的

人估計多達一百萬人。抑鬱症可以嚴重影響患者的生活。世界衛生組織、世界銀行及哈佛大學的調查「疾病所帶來的全球損失」中發現，於 2020 年，抑鬱症將成為排名第二的重要疾病，僅次於心臟病。由此可知，抑鬱症不但影響患者和身邊人，亦嚴重影響着社會。

抑鬱症的形成是環境、心理和生理相互影響下的結果。形成的因素包括遺傳、童年成長環境和傷痛的經歷。而長期壓力可以是其中一個誘因。

每個人每天都會面對不同程度的情緒起伏，例如憂傷、憤怒和愉快等。在正常的情況下，起伏的情緒會漸漸平復。但是抑鬱症的患者長時間持續，或大部份時間都不由自主地情緒低落，失去感受快樂的能力。

其他的抑鬱症症狀：

■失去動力

■對外界事物失去興趣

■經常感到疲倦

■食慾下降、體重下跌（小部份患者食慾會增加，體重上升）

■失眠（小部份患者會有嗜睡的情況）

- 性慾減低

- 精神難以集中、記性變差

- 腦海充斥着負面思想，例如覺得自己無用、沒有生存意義、將來沒有希望等

- 嚴重的患者會經常想到死亡，甚至有自殺的念頭

- 小部份嚴重患者會出現幻覺和妄想

並不是以上所有症狀都會在抑鬱症患者身上出現，症狀的多寡是決定病情嚴重程度的主要因素。

3. 失眠

睡眠對身心健康非常重要。經過一天的辛勞，充足和優質的睡眠可以讓身心得到休息，消除疲勞，以應付下一天的生活。另外，睡眠可以幫助我們整合白天接收到的資訊，增強學習能力和工作表現。

睡眠可以大致分為兩個週期：快速動眼睡眠（REM Sleep）和非快速動眼睡眠（Non-REM Sleep）。

快速動眼睡眠是最重要的睡眠狀態，約佔五分之一的睡眠時間。其間，腦部呈活躍狀態，眼球會左右擺動，此時正是做夢的時候。

在非快速動眼時段，腦部活動相對靜止。體內荷爾蒙進行調整，此時是身體組織修補一天疲勞耗損的時候。

失眠泛指不能入睡、過早睡醒或睡眠時間被間斷，導致睡眠不足。

相信大家都有經歷過失眠，特別是當下一天有重要事情要進行，前一天的晚上會輾轉難眠。所以壓力和焦慮都是失眠的成因。另外，抑鬱症的病人大部份都有失眠的問題。其他失眠的原因包括：

- 身體疾病：如痛症、尿頻和久咳等
- 睡眠環境：如房間光線、噪音、氣味、溫度、床鋪的舒適度
- 生活方式：過度攝取含有咖啡因的飲品（如咖啡、茶和汽水）、吸煙和時差

當一個人長期睡眠不足，會導致易怒和心情煩躁，影響與其他人的關係。另外，失眠亦會導致專注力、記性和創作力下降，反應遲鈍，影響工作及處理日常生活的能力。以上失眠的影響會進一步加重患者的壓力，形成惡性循環。

本章闡述了忽視壓力會如何引致生理及心理問題。然而，有些人用錯的方式去處理壓力，同樣會引起不同的問題，這些問題將在下一章探討。

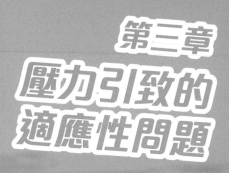

第三章
壓力引致的
適應性問題

物質濫用問題

劉芸芸醫生
精神科專科醫生

　　很多人都對濫用物質者有着不少負面的看法，覺得他們是自甘墮落，是社會上的負資產。然而，在現實生活中，我們看見很多濫用物質者背後都有着一些不為人知的過去，他們面對壓力不懂得去解決，欠缺社會支援，結果嘗試以毒品來麻醉自己，企圖以最快捷的方法去抑壓或逃避生活上的種種壓力，結果走上了濫用物質的不歸路。

　　原本在內地居住的阿娟，在 20 歲時經朋友介紹下認識了香港的丈夫，婚後申請來港，生了一個女兒。可是，婚後在香港的生活並不如她想像中如意，擠逼的居住環境，還有沉重的經濟壓力，使得阿娟在女兒上小學後便急忙出外打工以幫補家計。阿娟找到了一份在餐廳洗碗的工作，工作時間甚長，下班後還要趕快接女兒放學，再買菜回家煮飯，到了晚上才有時間打點家中雜務。日復日如是，阿娟覺得快要被壓力壓得透不過氣來，離開

內地家人在香港居住的她，身邊也沒有其他親人朋友可以和她說上幾句開解的話，讓她好放鬆一下心情。由於休息時間不足，加上工作上的體力消耗也很大，阿娟常常覺得疲憊不堪。為了使自己能提起精神應付工作及生活上的種種要求，在一些同事的慫恿下，阿娟開始了吸食冰毒，以求達到提神的效果。剛開始時，阿娟覺得這是一種很神奇的東西，吸食後覺得精神大振，像不用睡覺似的，雖然曾聽說過冰是毒品，會令人上癮，但阿娟認為憑意志力可以控制自己。可是漸漸地，阿娟發現自己對冰毒越來越依賴，不吸的時候覺得倦言慵語，心情很差，像跌入低谷一樣，只有吸食更多的冰毒才可支撐下去。

　　長期吸食冰毒使阿娟的脾氣變得暴躁，動不動就對丈夫和女兒惡言相向，而吸食冰毒也佔了阿娟大部份的家用，使得她為家人準備的餸菜越趨簡單，丈夫也不禁對此頗有微言。更嚴重的是，阿娟的精神在冰毒的影響下開始出現了問題。她變得疑神疑鬼，在工作時常常感到別人對她說三道四，以致經常和同事們爭執，甚至試過大打出手，因此極不受同事歡迎。另外，她也聽到一把聲音告訴她會有人上門擄走她的女兒，所以她把家中的門窗都堵上，不時神經兮兮的抱着女兒不放。最後，阿娟的丈夫決定報警處理，警察在阿娟身上搜出毒品，結果阿娟被判入戒毒中心接受治療。

阿娟完成戒毒療程後，一心打算好好照顧家庭，以盡妻子和母親的責任。可是，她的女兒被她吸食毒品後出現的異常行為嚇怕了，對她甚為抗拒，丈夫也怕她的行為會持續影響女兒，決定和她離婚。阿娟大受打擊，也為未來的經濟和生活感到徬徨，她的情緒變得十分低落和焦慮，常常無故哭泣，及顯得神不守舍。在這種種壓力下，阿娟又再想起了毒品的效果，結果再一次開始吸食冰毒。有一天，阿娟聽到那一把聲音告訴她將有人前來害她，慌張的阿娟感到求助無門，最後走上了天台，準備一躍而下……

　　所幸的是阿娟在天台及時被人發現，被送到精神科病房留院治療。經醫生的診斷，她患上抑鬱症，也有因冰毒而引起的思覺失調症狀。在留院期間，阿娟接受了藥物的治療，活躍的病徵受到控制，精神狀態亦慢慢地變得穩定。在醫護人員的協助下，她開始了解自己的問題，明白到以往用了不恰當的方法逃避現實生活中的壓力，以致沉迷毒海，賠上了她最重視的家庭，失去了陪伴女兒成長的機會。在社工的安排下，出院後阿娟再一次住進了戒毒中心，和以往不同的是，這一次她是完全自願的。在戒毒中心內阿娟痛定思痛，認真地學習到如何正面處理壓力，以及避免再次濫用物質的方法，她也積極地參加不同的小組訓練，希望能學到一技之長，為自己的將來增值。

離開戒毒中心後，阿娟找了一份新的工作，開始自力更生的生活。雖然已經戒除了毒癮，精神也比以前大大的改善，但阿娟還是需要繼續服用精神科藥物，並需定時複診。在社工的鼓勵下，阿娟鼓起勇氣再次聯絡前夫和女兒，剛上中學的女兒雖然還是選擇跟著前夫生活，但她看見阿娟的努力及改變，也不再抗拒和阿娟見面。今年阿娟終於再次收到女兒親手製作的母親節卡，對她而言，這可是最大的肯定和鼓舞。

　　一念天堂，一念地獄，當年的阿娟正正就是不懂得去處理生活上的壓力，開始了吸毒，身心上癮之餘，也衍生了不少後遺症。幸好她在各專業人士的幫助下，慢慢戒除了毒癮，一步一步地走回正軌，從別人眼中的負資產，變回一個能自力更生，對社會有貢獻的人。雖然如此，阿娟在往後的路也不能掉以輕心，她還要繼續提醒自己，加強抗壓的能力，才能成功地完全戒除毒癮。

壓力與飲食失調

譚鳳翔醫生
精神科專科醫生

　　每天走過地鐵站或者瀏覽互聯網，都是不同的明星或網絡紅人的廣告，他們都爭相告訴你如何才能在這個現代社會活得漂亮和多姿多采。近年一些不同流派的「健康」飲食和運動都大行其道，都吸引到大眾對健康體態和體重控制趨之若鶩。本來，追求健康、「變靚啲」也是人之常情，但當這些成為壓力，甚至影響身體健康，就往往得不償失。

個案一

　　小麗是一個中五學生，她小時候是一個「肥妹仔」，同學、老師、親友都常常讚她生得可愛，但她自己卻不這樣認為，甚至覺得這些都是一些嘲笑。雖然她讀書成績不錯，在學校也有參與不同的活動，但卻一直被自己的外形所困擾。直到升上中四，她眼見一些同學開始節食減肥，一個學期就瘦了很多，其他同學都讚她們變得漂亮了，於是她也悄悄地開始她的

減肥計劃。

　　小麗一直都會跟同學們一起去吃午飯，為了可以爭取和同學相處的機會，她繼續和他們出外午餐，但每次都會吃得很慢，不斷喝水，務求可以減少食量但同時不被其他人發現。以往，小麗每晚都會和家人吃晚飯，媽媽常常都擔心她吃不飽，總會主動夾多一些餸菜給她；小麗覺得媽媽煮的菜比較油膩，於是常常藉口學校補課或者要去圖書館溫習而不回家吃飯，最多就是回家吃一個蘋果。升中五的暑假，她常常去做運動，家人起初都覺得很好，因為以往小麗只喜歡留在家看書或者上網，但過了一段時間，家人開始留意到一些不妥當的地方──小麗會用兩小時去跑步，但一天卻吃不了多少東西，整個人消瘦了很多，甚至有點憔悴，但當家人勸小麗減少做運動的時間或者多吃一點東西，她就會很激動地反駁。為了息事寧人，家人也不敢多說甚麼，只提醒着她要小心自己的身體。

　　九月開學，同學們見到小麗好像變了另一個人，紛紛投以羨慕的目光，有些昔日取笑她的同學甚至向她討教減肥心得。於是小麗更加下定決心要再變瘦一點，哪怕她已經由當初的 60 公斤減到 50 公斤。小麗很努力地計算每樣食物的卡路里，有時會不食早餐或午餐。即使她的功課越來越忙，她也繼續每天至少一小時的運動，直至有一天她在學校禮堂集隊時暈倒被

送去醫院。

　　醫護發現小麗的血壓和血糖偏低，安排輸液治療，也聯絡了小麗的家人了解她平時的情況。入院的時候小麗的體重已經減到接近 40 公斤，以他 1.6 米的身高來說，已經是屬於過瘦的水平。於是醫護安排了精神科醫生和臨床心理學家會見小麗和她的家人。醫生診斷小麗患上了厭食症，要安排進一步的精神科住院治療和心理治療。

個案二

　　欣婷是一個二十多歲的會計文員，平日的工作非常忙碌，尤其是每年有幾個月需要幫客人報稅的時候就會更忙，經常都要超時工作。平常放假她最喜歡就是和家人朋友一起去找尋地道美食。她和男朋友準備明年年尾結婚，為了在婚禮以最佳形象示人，於是她聽從朋友的勸告開始減少食量和進食代餐，起初都可以減到十磅左右。不過，可能是因為白天吃得太少的關係，每晚收工回家欣婷就會覺得很肚餓，於是會將家中所有的零食找出來，一下子吃了很多，但之後她又會覺得很內疚，於是會嘗試扣喉吐出吃了的食物。家人和男朋友本來都不知道欣婷這個情況，直至有一次去超級市場，欣婷一次過買了很多零食回家，而當晚家人就發現這些食物不翼而飛，然後偷看到欣婷每晚都會食很多零食又扣喉，所以才帶她求醫。

　　第一次見欣婷的時候，她的情緒很差，講起她的飲食問題，她覺得很羞恥很自責，一邊說一邊哭。她知道自己不應該暴飲暴食，但卻因為覺得太大壓力而控制不了自己想食東西的慾望。她希望可以變回以前可以正常飲食和社交的自己。

甚麼是飲食失調？

　　根據精神疾病診斷與統計手冊（DSM-V），飲食失調包括

厭食症、暴食症、狂食症和其他飲食失調問題。

　　厭食症（Anorexia Nervosa）患者會限制能量攝取，對增重或變胖有強烈恐懼，對自己的體形有不合理的自我評價，和有持續妨礙體重增加的行為，例如不斷做運動、扣喉、服食減肥藥等，導致體重過輕。個案一的小麗在入院時的體重只有 40 公斤，以她 1.6 米的身高來說，他的身體質量指數（Body Mass Index，BMI）只有 15.63，已經算是嚴重的個案。

　　暴食症（Bulimia Nervosa）患者一般的體重屬於正常或輕微超重的範圍，最主要的病徵是反覆發作的暴飲暴食，通常是在短時間內吃大份量的食物，對飲食缺乏控制感，而且反覆出現不恰當的補償行為（Compensatory behaviours），如扣喉、濫用瀉藥、利尿劑或其他藥物、禁食或過度運動；而這些暴食和不適當的補償行為平均至少一星期發生一次，維持多於三個月。狂食症（Binge Eating Disorder）患者也會有反覆發作的暴飲暴食，但沒有暴食症患者的補償行為。個案二的欣婷起初是因為減肥而刻意節食，但後來卻演變成暴飲暴食來減壓，並出現扣喉的補償行為，這些都是典型的暴食症症狀。

　　很多厭食或暴食症患者都受着情緒及心理的困擾，不但在飲食上出現問題，在社交、家庭、工作及學習上也有難以排解的壓力。他們以為暴食或節食可以帶來短暫的快慰，把這視作

處理和應付壓力的方法，但這只是令問題變得更複雜。

一些厭食症患者好像小麗一樣，體重太輕導致身體出現不同的併發症，例如電解質失衡、血糖過低、心跳過慢、血壓過低、貧血、以及出現暈眩和休克的情況，都需要入院進行緊急治療，補充身體所需要的葡萄糖和電解質，以及監察心跳的規律，避免出現「再餵食症候群」（Refeeding syndrome）。

在維生指數漸趨穩定之後，很多時候他們都需要營養師的協助，為他們建議合適的餐單，在不影響身體功能的狀況下，慢慢增加體重至一個合理的水平。如果體重過輕的問題不是太嚴重，又或者是暴食症或狂食症的患者，一般也可以在門診定期跟進。不過，學習正確飲食的種類和份量往往是一個漫長的過程，因為患上飲食失調症的人士很多時候都將體重的增加當成自己的失敗，可能有一段時間體重有回升，又或者補償行為有

減少，但隨後他們又會用種種方法嘗試將剛增加的體重減去或者建立新的補償行為，變成一個漫長的角力戰。所以要醫治飲食失調症，除了要有醫護人員的參與，病者和他們的家人朋友都需要面對飲食失調症有一個全面的了解，才可以逐步走上康復之路。

飲食失調症患者經常將自我價值跟外表劃上等號，單以「肥」、「腳粗」、「有肚腩」去命定自己是個不可愛的人。實際上一個人的自我價值可以包含很多元素，不應局限於外表。有些患者至少都被家人、同學或朋友批評，變得很自卑；又或者他們傾向完美主義，就算自己在各方面已經做得很好，卻還是覺得自己未夠好，於是利用控制自己的飲食和體重作為一個成功的指標。因此，在治療飲食失調症中，臨床心理學家很多時都要安排個人或家庭治療，去處理患者一向對於自己體形的錯誤認知，重新塑造正確的自我價值觀，學習其他較適當的處理壓力的方法，以及處理一些過去造成壓力來源、有問題的家庭相處模式。

藥物在處理飲食失調症的治療未必佔一個很大的比重，但如果患者同時有抑鬱、焦慮的症狀或者強迫思想，有時醫生也會處方抗抑鬱藥或抗思覺失調藥物。

其實，每個人的身體都需要均衡的飲食和營養去維持，適

量的運動也可以促進健康。只是，如果我們將控制體重當作生命中唯一的任務，就會失去生活的色彩。預防勝於治療，我們平日應該嘗試在不同生活之中接觸不同的新事物，學習不同的技能，慢慢建立自己在外表以外的成功感，而不需要用對體重的控制感作為成功感的唯一來源，並且學懂接納自己的身體和體形。而如果因為健康問題或其他原因需要控制體重，也應該在醫生及營養師的建議及監督下進行，避免因胡亂減肥而令身體機能失衡，欠缺營養，影響健康。

厭食症、暴食症和狂食症等飲食失調症是一個複雜和嚴重的問題。心理輔導、藥物治療及營養控制均有助排解患者面對不同的困難。若遇有任何困擾，應及早找專業人士幫助，及早診治。

電玩失調問題

包始源醫生、劉芸芸醫生
精神科專科醫生

互聯網和我們的生活息息相關。我們每天使用互聯網進行資料蒐集、社交、商業活動，還有不同的娛樂，為我們提供了一個途徑去接觸多姿多采的數碼世界，可說是現代生活裏不可或缺的必需品。

香港的流動電話服務用戶滲透率高達 200% 以上，表示平均每人有兩部或以下的流動裝置，估計有四分一的青少年每星期花 20 至 50 小時瀏覽互聯網。

自上世紀九十年代開始，已有關於互聯網使用及其會否成癮的討論，發現不適當使用互聯網的模式往往為個人、家庭以至社會帶來不良的影響。事實上互聯網本身並不會令人上癮，反而是我們使用互聯網的目的與行為卻有令人上癮的機會，例如線上遊戲、賭博、網上購物、交易、甚至交友等，而上癮的程度取決於我們進行該行為的頻繁度，花在該行為上的時間，以及該行為在生活中的重要性，對我們的生活和人際關係的影

響等等。

　　世界衛生組織（WHO）在 2018 年決定將「電玩失調（gaming disorder）」以精神疾病列入《國際疾病分類標準》第十一次修訂本中（ICD-11）。在世界衛生組織的定義中，「電玩失調」主要有三項診斷特徵：一是患者對遊戲失去控制力，使遊戲成為日常生活中的首選，其他日常活動及興趣均讓位予遊戲；二是即使出現負面後果，患者仍繼續沉迷，無法停止玩遊戲；三是其行為模式須達一定的嚴重程度，導致其在個人、家庭、社交、學業、工作或其他重要領域等造成重大損害，並

61

明顯地持續一年以上。

近年來，世界各地的新聞均有報道不少和沉溺於互聯網或電玩有關的個案。在 2005 年，一名南韓男子花光所有金錢時間在網吧玩一個名為《星際爭霸》（Starcraft）的遊戲，以致失去了工作和本來感情穩定的女朋友，最後在不眠不休地玩了 50 小時後，筋疲力盡致死。在 2012 年，一名 18 歲的台灣男子連續玩了 40 小時的線上遊戲《暗黑破壞神》（Diablo）後，結果產生靜脈血管栓塞而猝死。在 2014 年 6 月，美國威斯康辛州發生一宗幼童刀傷案。兩名 12 歲女童為了取悅網絡故事主角 Slenderman，不惜把同學騙到一森林茂密的公園，以 12 公分利刀刺向受害者足足 19 刀之多。2016 年，在俄羅斯社交網站興起的遊戲《藍鯨》，以指令引導參加者進行一連串自殘的任務，循序漸進，直至參加者完成最後一項任務——死亡，導致世界多地都發生多宗青少年自殺事件。

傑仔今年 16 歲，是一名國際學校的學生。他在小學時期成績一直名列前茅，也是班中的模範生，亦是眾多老師的寵兒。可是，傑仔在同學間卻不那麼受歡迎。略胖的身形令他經常成為學校裏被欺凌的目標，加上他在運動方面並不擅長，使他更難融入同學的圈子。四年前，傑仔升上了中學，他的情況也發

生了一些變化。他開始受到失眠的困擾，日間常常感到疲累不堪，學業成績明顯地下滑，使他對自己在學校的表現也失去了信心。他沒有向父母說出自己的想法，卻選擇了逃學，每天花越來越多的時間留在房間裏，對着電腦玩線上遊戲。到了後期，傑仔每天差不多花上 10 小時玩線上遊戲，令他開始不再打理自己的日常生活，而他對線上遊戲的沉迷，加上欠佳的學業成績，也令他和父母頻頻爭執。

　　傑仔的父母曾向多方面尋求協助但均未能改善傑仔的情況，最後決定諮詢精神科醫生的意見。見了醫生後，傑仔被診斷患上了抑鬱症，而他對線上遊戲的沉迷正正是他逃避現實中憂鬱情緒的方法。在線上的遊戲裏，傑仔的角色不停「升呢」，令他找回信心。由於在線上沒有人看到他的真實外表，他可以放心結識朋友，不必擔心會因自己的外表而受到欺凌排擠。在虛擬的世界裏，傑仔感到自己變得受歡迎，也可短暫忘掉不開心的情緒。傑仔的情況就好像吸毒的人用毒品來麻醉自己一樣，當他嘗試停止玩線上遊戲時，竟出現了有如「脫癮」一般的反應，感到焦慮不安，心煩氣躁，又感到難過及寂寞，結果再次投入於遊戲中，造成惡性循環。

　　被確診患上抑鬱症後，傑仔開始接受分為幾個階段的治療，首先是以藥物治癒他的抑鬱症。服用抗抑鬱藥大概三個

星期後，傑仔的心情開始慢慢好轉，睡眠、專注力及體力也得到改善。第二階段就是逐步減少他玩線上遊戲的時間，隨着他的抑鬱症狀受到控制，以往因突然停玩遊戲而產生的「脫癮反應」亦大為減輕。然而，使用互聯網在我們的生活中是不可避免的，所以我們不能像戒毒般一刀切地「戒掉」使用互聯網或玩線上遊戲，反而是要學習如何理智、健康地使用互聯網以及線上遊戲。最後，傑仔還要進行一系列的復康治療，學習培養一個健康的生活習慣，接受心理治療以建立自信及改善人際關係，從而重投學校生活，為升學作準備。

傑仔的情況在香港甚至世界各地均十分常見，很多時候，沉迷電玩就像其他各種成癮行為一樣，源於一些壓力及負面的情緒，若能及早發現，對症下藥，治療效果往往是不錯的。

第三章
壓力引致的適應性問題

迷賭眾生

鄧耀祖
監察賭風聯盟召集人

在日常生活中，我們很容易就能接觸到賭博，例如在超過一百多間的馬會投注站、麻雀館、遊戲機中心和各種社交場合如酒樓、茶餐廳、私人會所等。賭博或許可以使人放鬆心情，消磨時間。但長期沉迷賭博卻會使人上癮，並帶來很多個人的生理、心理、社交、經濟、人際關係、家庭和諧等的問題。所謂「小賭怡情、大賭亂性」，「長賭必輸」，「贏粒糖，輸間廠」，正正指出賭博的禍害是不容忽視的。讓我們來看一看阿偉的故事。

阿偉生於一個五口之家，是家中幼子，有兩位哥哥。阿偉的爸爸於三年前因病去世，媽媽是家庭主婦。阿偉的大哥是巴士司機，已婚，育有一子，雖然他不與阿偉同住並且溝通不多，但他也十分關心阿偉。阿偉的二哥在食店當廚師，由於彼此的工作時間不同，兩人很少在家中聚首和傾談。現在阿偉與

365天
減壓秘笈

媽媽及二哥同住，可是他與家人溝通不多因而關係普通。阿偉
的性格自我中心、沉默寡言、固執，容易鑽牛角尖。阿偉中五
畢業後便在一間貿易公司當文員，由於工作及收入穩定，他有
很多空閒時間，感到苦悶，就開始他的賭博生涯。

　　阿偉初次踏足賭場是與朋友到澳門遊玩，大家趁機去賭場
「見識」一下。當時阿偉對賭博感到好奇和刺激。自此他以賭
博來打發時間及調劑枯燥乏味的生活。久而久之，每逢假日他
會獨自去澳門賭場賭博。起初投注額不大，輸掉身上的錢時便
會離場。後來，他在賭博中贏了大錢，遂令他產生貪念想贏更
多的錢，於是他將更多的時間及薪金投放於賭博中，開始踏上

第三章
壓力引致的適應性問題

沉迷賭博之路。然而長賭必輸[1]，每當阿偉輸錢時，他會因為不服氣而加大注碼[2]，意圖將輸掉的錢追回來[3]。他深信「有賭未為輸」，「唔賭唔知時運到」，「小賭怡情，大賭變李嘉誠」[4]。不久，他開始用信用卡透支，向銀行及財務公司借貸[5]。最後，當所有銀行及財務公司拒絕向他貸款時，他遂向二三線財務公司借錢[6]，導致債台高築。

　　雖然阿偉被債務纏身，但他不但沒有停止賭博，還不斷以賭博及借貸去還債，最後他因無力還債而求助於家人。家人雖然知道他賭博，但不知道他沉迷的嚴重情況。阿偉的媽媽和大哥已替他還債兩次，合共 30 萬元。他們曾勸他不要再賭博，可是，阿偉向他們表示他未能完全戒賭，他只能做到不借錢去賭博。賭博及欠債問題令阿偉與家人的關係變得惡劣。為了還錢給媽媽和哥哥，阿偉將每月薪金交給媽媽還債，而他每星期只取 500 元作生活費。阿偉對於媽媽及大哥的承諾陽奉陰違，

---

1 長賭必輸是基於賭場二十四小時營業，有抽水、牌例和賭注上限等措施來贏取賭客的金錢

2 這是賭徒所謂「贏縮輸谷」的下注方式。

3 「追」（Chasing）是賭博失調（Gambling Disorder）九個指標中的一個。

4 很多賭徒都有這些不理性想法（Irrational Beliefs），這些想法驅使他們不斷賭博。

5 這是很多賭徒的借錢途徑。

6 所謂二三線的財務公司也是類似大耳窿的借貸手法，除了利息超高外，更巧立名目收取各種費用，並以恐嚇的手法向賭徒和他們的家人追債。根據消費者委員會對放債市場的調查報告，持牌放債人的數目達 2,260 個 （26.9.2019），更遑論非持牌的二三線財務公司。

他依然向這些財務公司借錢去賭博及還債，而且情況越來越嚴重，最後他在今年之內欠債達 50 萬元。阿偉坦言已沒有能力還債，他一方面不知如何向家人講及此事，另一方面他又想家人幫他還債，在無計可施的情況下，他向戒賭中心求助。

在處理阿偉的債務上，社工提供了三種方法：債務紓緩計劃（Debt Relief Plan）[7]，個人自願安排（Individual Voluntary Arrangement）[8] 和破產（Bankrupcy）[9]。在比較各種計劃的優劣後，阿偉最後選擇了破產。至於應付大耳窿方面，社工安排他參與賭徒互助小組。當中很多組員也有向大耳窿借錢的經驗，他們向他提供了一些實際的方法。當阿偉以為他的債務已經處理好，正想結束輔導時，社工向他指出債務的處理只是治標的方法，欠債的根源在於賭博。由於社工和阿偉已建立一個穩定的關係，於是社工邀請阿偉展開賭博的輔導。在評估阿偉的賭博狀況時，社工使用了南奧克斯賭博甄別問卷（South Oaks Gam-

---

7　債務紓緩計劃（DRP）：銀行及大型財務機構按個別欠債人的經濟情況和還款能力，協商具體、實際而徹底新的解決方案。

8　個人自願安排（IVA）是根據「破產條例」第六章第二十條來修定的法例。此法例是給予面臨破產之人士另一個選擇。債務人可向債權人提出一個還款建議，透過法庭聆訊申請臨時命令，並需要總欠債金額百分之七十五的債權人通過其還款建議。當債權人通過還款建議後，個人自願安排便正式實行。有還款能力的債務人可在定期、定額、定息的情況下清還所欠債項，不用破產。

9　破產是指當債務人的全部資產不能償還到期債務時（所謂資不抵債），債務人自行或透過律師向破產管理處申請破產，以解除所有債務。

第三章
壓力引致的適應性問題

bling Screen）。阿偉共得了 16 分，是屬於嚴重的病態賭徒[10]。

此外，社工引用了六個轉變階段（Six Stages of Change）[11]。阿偉

正處於沉思期和決定期中[12]，一方面他認為賭博可解悶，另一方

面賭博也為他帶來很多的煩惱，如債務和緊張的家人關係等。

　　由於他有很多賭博的迷思，這些迷思正驅使他無論輸贏都

不斷賭博。社工遂運用了認知行為治療法（Cognitive Behavioural

Therapy）[13]去拆解他的不理性的想法。例如在「有賭未為輸」

中，社工讓他認識賭場的優勢[14]，賭場利用抽水和牌例制度，使

賭仔長賭必輸。此外社工引導阿偉反省除了輸掉金錢外，他還

輸掉了個人的尊嚴、家庭和人際關係等。經過多次輔導後，阿

偉決定完全戒掉賭博的習慣。在處理阿偉空閒時苦悶的感覺，

10　南奧克斯賭博甄別問卷共有 20 條問題，最高 20 分。5 分或以上屬於病態賭徒。
　　明愛展晴中心與中文大學心理學系重新分類病態賭博的嚴重性，16 至 20 分是
　　屬於嚴重的病態賭徒。
11　六個轉變階段是 Prochaska and DiClemente 所設計的，分別是迷思期
　　Precontemplation），沉思期（Contemplation），決定期（Decision），行動
　　期（Action），維繫期（Maintenance）和復發期（Relapse）。
12　沉思期的特徵是賭徒對賭博是矛盾的，既喜歡賭博帶來的刺激和忘我的境界，
　　但又憂慮賭博所帶來負面的後果。社工在這期間會幫助賭徒分析賭博的好壞和
　　他們以賭博來滿足他們內心的需要，進而引導他們進入決定期。
13　認知行為治療法是現今主流的輔導方法，是被驗證為有效拆解賭徒的非理性想
　　法，以幫助他們建立對賭博的理性想法。
14　賭場優勢（House Advantage）是指賭場裏每種賭博遊戲相對於賭徒都佔有一
　　定的贏面優勢。這樣，賭場才能保證一日二十四小時年中無休地經營下去。不
　　同的賭博遊戲所佔的賭場優勢相差很大，有些很低，有些則很高，經常賭博的
　　人，都會盡量不玩賭場優勢很高的遊戲。例如賭場戰爭（Casino War）所佔的
　　賭場優勢達 18.65%；百家樂則只佔 1.17%。因此，現時澳門四十一間賭場裏，
　　百家樂賭博佔了接近八成，是最受賭徒歡迎的賭博遊戲。

社工安排他參加跑步訓練。漸漸地，阿偉竟然愛上了跑步。他幾乎每天都用一至兩小時練習，越跑越久，更越跑越快。在每年的社工日長跑活動中，他竟然跑第一，更有一年是全場的總冠軍。他對社工說，跑步比起賭博贏錢更開心和有滿足感，他的生活充實了。原來跑步時腦部會生產使人愉悅的多巴胺[15]，讓人感到快樂。

　　阿偉成功戒賭，除了贏回自己的健康（因為賭博是牽動情緒大上大落的活動）外，更贏回家人對他的信任。他重建與媽媽和哥哥的關係。此外，他更發揮跑步的潛質，在長跑賽事上建立自信和自我肯定。

　　「不賭怡情，生活光明。」

15　多巴胺是腦中號稱「快樂激素」，負責大腦的情慾，將興奮及開心的資訊傳遞脈衝，以產生快樂與興奮的感覺。賭徒贏錢時與跑手衝線時都能產生多巴胺，使人感到興奮和快樂。

飲酒成癮

劉芸芸醫生
精神科專科醫生

在日常生活中，我們很容易就在各種社交場合及店舖如餐廳、超級市場、便利店等接觸到酒精類飲品。事實上小量的酒精的確可以使人放鬆心情，但長期喝酒卻會使人上癮，並帶來很多生理、心理方面的後遺症以及影響日常生活。人們常說「借酒消愁」，在心情鬱悶時總愛喝上幾杯，但喝酒真能使我們忘卻憂愁嗎？讓我們來看一看阿健的故事。

阿健今年 32 歲，從小到大，他都是一個開朗的人，人際關係甚佳，是朋友間的開心果。而他最大的興趣就是踢足球，也喜歡和朋友一起去酒吧觀看足球賽事，間中都會淺酌幾杯助興。

阿健六年前結了婚，現在已經是兩個孩子的父親。婚後阿健一人負擔起一家四口的生活開支，每天被工作壓得透不過氣來，公餘也沒有再和以前的朋友踢足球和「吹水」了。此外，

為了管教兒子的問題，阿健和太太就像一般夫妻一樣，時有爭執吵架。每一次和太太吵架後，阿健總愛獨自一人離家，買兩三罐啤酒「借酒消愁」，喝完後回家倒頭便睡，第二天就像沒事發生般上班。

三年前，阿健的母親因急病突然去世。阿健對母親的逝世感到十分難過，慢慢地開始出現抑鬱症的病徵，包括：情緒低落、專注力及體力明顯下降、食慾不振以致體重下滑、晚上睡不着及日間感到疲憊不堪。他的脾氣變得十分暴躁，和太太吵架越發頻密，亦提不起興趣和兒子共享親子時光。阿健一直認為自己在母親生前沒有好好待她，特別是婚後忙着工作及照顧家庭，並沒有多花時間陪伴母親，為此他在母親死後感到十

分內疚和自責，亦不太願意和他的兩位兄長來往，怕被他們責備埋怨，也不知道該向何人傾訴他的沉重心事。從這個時候開始，阿健變得常常喝酒，從原本的偶然兩三罐啤酒增加至每晚六至八罐，甚至更多。每一次喝完酒後，他彷彿可以暫時逃避現實生活中的種種煩惱，可是第二天醒來後，那鬱悶的感覺卻揮之不去，他只好在下班後趕快又再喝酒，像陷入了惡性循環一般，越來越依賴酒精以麻醉自己，不能自拔。漸漸地，阿健在工作上頻頻犯錯，結果被老闆辭退了，一家人的經濟頓時陷入困境，和太太更是每天爭吵不斷。有一晚，阿健和太太又為了經濟以及他喝酒的問題大吵了一場。阿健獨自一人離家往便利店買了兩打啤酒，坐在公園裏一罐接一罐的喝下去，喝得酩酊大醉，那時剛好有一名巡邏的保安員向他查問，在酒精的影響下，阿健不由分說地揮拳打向那名保安員……最後阿健被控以傷人罪，被法庭判處接受戒酒治療。

與精神科醫生會面後，阿健被診斷出患有抑鬱症，需要服用抗抑鬱藥。漸漸地他的病症得到控制，也開始接受臨床心理學家的心理治療，處理他對於母親離世的鬱結。自從情緒改善後，阿健慢慢擺脫了對酒精的依賴，脾氣也比之前好多了。而阿健的太太在得知阿健患有抑鬱症後，也樂意與阿健一起和社工會面，接受家庭輔導。此外，在職業治療師的協助下，阿健

找到了一份新的工作，也學會了一些生活上減壓的方法。過了大半年後，阿健的生活開始重上了軌道，和哥哥們的關係也變得密切。更重要的是，阿健和太太的關係改進了不少，而兩個兒子也樂得看見爸爸重拾笑容，不再常常大發雷霆，閒時三父子更會一起踢足球。

　　從阿健的個案可以看到，他在生活中受到了種種壓力，卻以不恰當的方法——飲酒去處理，結果導致酗酒，對其健康、工作甚至家庭都帶來了嚴重的影響。在現實生活中，這類由抑鬱症或焦慮症而引起的酗酒問題也是十分常見的。由於酒精可以使人短暫地放鬆心情，暫時忘卻生活中的煩惱，所以常常被人們用以紓減壓力。可是，由於飲酒只是暫時抑過壓力所引起的煩惱，並沒有真正解決問題的根源，當他們越來越依賴酒精來麻醉自己時，慢慢地就對酒精成癮，結果像阿健一樣，引起更多的併發症和生活上的問題，益發加深了他們的煩惱及憂慮，使他們的抗壓能力越來越低，造成惡性循環一樣，只能用更多的酒精以進一步麻醉自己。再加上酒精本有抑制中樞神經的作用，久而久之，也會擾亂了腦內的化學物質，引發或加深了情緒病。

　　從阿健身上我們看到，「借酒消愁」並沒有為他解決他原

有的煩惱，反而為他帶來了更多的問題，甚至不幸地因酗酒而惹上了官非。從另一方面看，這件事讓他有機會正視自己酗酒的問題，在多方面的協助下，成功戒除了酒癮，避免情況繼續惡化，他也學會了正面處理情緒壓力的方法。其實早在一千多年前，唐代的大詩人李白已經提出了「舉杯消愁愁更愁」的說法。在今天的我們，也應好好的關注自己的精神健康，正面地為自己減壓，切勿「借酒消愁」。本書下一章將介紹不同的壓力管理方法，只要找到適合自己的方法，大家都可以擁有良好的精神健康。

第四章
壓力管理

以認知行為做好壓力管理

張傳義博士
註冊臨床心理學家

甚麼是認知行為治療？

認知行為治療（Cognitive Behavioural Therapy，簡稱 CBT）是心理治療的其中一種。認知行為理論的核心是相信人的情緒和行為反應，不是由事件直接引起，而是受個人的想法和信念所影響。個人的感情、行為與思想不單是互相影響，更是由個人想法和信念所帶動的。因此，認知行為治療着重的並非單純處理令人造成情緒困擾的事件或壓力本身，而是協助當事人了解自己的想法和信念，為自己培養一套更有效的認知、情緒和行為的應付技巧。這些在想法和情緒上的改變也能幫助當事人改善處理問題的效率，從而間接在源頭上處理壓力。

有多少「壓力源」等於有多少「壓力」？

一般人可能會認為感受到多大的「壓力」，就是正在面對多大的「壓力源」。但從認知行為理論的角度來看，「壓力」

與「壓力源」是兩樣截然不同的東西。「壓力源」是一個比較客觀的存在。它是指因着任何環境、事件或關係所造成對一個人的身體和心理的刺激。不論是好與壞，紅事或白事，只要造成身心刺激就可以算是「壓力源」。常見的「壓力源」包括：

疾病／身體健康

學業／工作／生活環境改變

經濟狀況

親密關係／婚姻

家庭／子女

人際關係

災難與重大事件

第四章
壓力管理

相對於「壓力源」，「壓力」卻是一個比較主觀的存在。壓力不單純是身心刺激的自然反應狀態，而是一種個人和「壓力源」的動態互動心理過程。在這種主觀的壓力指數中，個人對「壓力源」的認知就起了關鍵性的作用。如果一個人在對「壓力源」的認知評估過程中認為：

1. 事件十分緊迫的；

2. 如果處理不當後果會很嚴重；

3. 自己的能力未必能夠應付；

4. 可動用的外界資源不足以應對挑戰

那麼，這個人很可能會不自覺的感到壓力沉重。反之，如果個人在認知評估過程中有着截然不同的理解，所感受到的最終主觀壓力當然又會有着天淵之別。所以，壓力指數實質上是「壓力源＋壓力反應＋個人與環境」的認知互動結果。

壓力調適的兩大策略

建基於以上對壓力的理解，認知到「壓力源」並不能在日常生活中完全避免，主觀感受到的「壓力」也不可能完全消除，所以認知行為理論主要指導原則為如何學會與壓力共存，而非消除或對抗壓力。所提供的「認知」和「行為」層面的介入策略也是圍繞這主要指導原則建立，一方面嘗試以全面的事

實和客觀的資訊評估挑戰，另一方面則在日常生活中尋求放鬆之道。

「認知」策略

在認知層面，我們可以嘗試有意識地學習如何對可能形成壓力的各種方面，作出冷靜的系統性評估。評估方向可以包括：

- 事件的緊迫性
- 後果的嚴重性和發生機率
- 建基於事實和以往例子的自我能力評估
- 可動用的外界資源和途徑

這個有意識的系統性認知評估，可能在起初嘗試的時候未必能即時感到得心應手。你可以視這個為傾聽自我內在對話的練習。這也是及時糾正不當壓力的思想和有效自我監控，那些源自於不切實際或假設性的想法而造成壓力的重要關鍵之一。在這個過程中，你也可以運用一些認知重塑（Cognitive Restructuring）的技巧協助自己釐清問題的本質。檢查自己是否持曲解的態度來處理信息。

「認知重塑」是一系列策略用作改變非理性及負面思想的。認知行為治療鼓勵當事人提出合理和依靠現實的證據，來

加以協助自己分辨一些非理性及負面的想法。一些具體的自我提問可以包括：

- 有否事實證據證明自己的想法是對的？
- 有否事實證據證明自己的想法是錯的？
- 過往有甚麼相似的事件發生？
- 過往自己有甚麼習慣的處理方法？
- 這些過往處理方法的效果又是如何？

除了嘗試引用證據來證實自己或推翻自己的某些想法外，我們亦可留意一下自己在想法背後的絕對性思想。絕對性思想是指一些比較絕對化的陳述，以完美作為合理的目標追求，以「應該」代替事實作為行事的指標，令自己在不知不覺間形成過高的期望和造成不必要的壓力。壓力往往是來自對明天及將來的焦慮。當我們把目光不再投向於觀望遙遠的未來，以問題導向的方式先做好身邊具體的事情，我們便更能清晰了解自己的思維，從而帶來改變。

「行為」策略

在行為層面，我們可以嘗試從日常生活中和應急壓力處理兩個方面着手。

在日常生活方面，我們可以留意以下範疇：

- 建立健康生活習慣，有適當休閒活動與運動。

- 盡量確保自己有充足睡眠，作息定時及固定作息時段或規律。

- 工作上則盡可能作明確規劃，訂明目標與建立實際可行的時間表。

當自己發現壓力比較大，情緒比較焦慮的時候，也可以嘗試以下的方法作應急壓力處理：

腹式呼吸法

我們的呼吸不單是為了維持我們的生命。我們的呼吸也具有節奏的，一方面能提醒自己的心理狀態，另一方面能從身到心調控我們的情緒。當我們心情緊張時，呼吸便會自然變得急促，也會容易產生不舒服的感覺。但當我們希望放鬆的時候，我們也可以有意識地讓呼吸的節奏變得平和。所以，腹式呼吸練習能夠幫我們把呼吸變成一個情緒遙控器，把心情調節到一個適合的「節奏」。

步驟如下：

1. 找一個舒服的地方，以最舒服的姿勢坐着或躺着。

2. 環境最好是安靜及溫暖的，不受外界騷擾，關掉手提電話。

3. 可以閉上雙眼，把手放在腹部。

4. 慢慢地用鼻子深深的吸入一口氣，又慢慢地由鼻子把空氣呼出。

5. 調節自己的呼吸節奏，每一口氣都好像比上一口氣深、長、慢一些。

6. 呼氣的時候，心裏可想着「放鬆」或「Relax」等字眼令自己更容易放鬆。

7. 重複吸氣和呼氣的動作。

8. 感受雙手接觸的位置，會隨着吸氣和呼氣而升起和降下。

9. 也同時感受一下身體其他部位也隨着呼吸的速度而有所改變，變得更為舒暢協調、更調和自然。

漸進式肌肉鬆弛練習

除了透過呼吸調控以達到鬆弛的效果以外，漸進式肌肉鬆弛練習是另一套有效的放鬆方法。這是一套有系統的全身練習，一步一步放鬆全身的肌肉。因為當人長期處於緊張狀態時，肌肉會自然而然的拉緊而不自知，難以自動回復到正常的放鬆狀態。我們可以通過漸進式肌肉鬆弛練習，有意識的使身體每一處肌肉，重新由收緊回復到鬆弛，藉此幫助我們消除緊

張和壓力的感覺。重複的練習會有效使身體脈搏減慢、降低血壓，同時降低大腦皮層活躍程度，以達致身心鬆弛的目的。

步驟如下：

1. 找一個舒服的地方，以最舒服的姿勢坐着或躺着。

2. 環境最好是安靜及溫暖的，不受外界騷擾，關掉手提電話。

3. 可以閉上雙眼，以腹式呼吸法讓自己進入放鬆的狀態。

4. 首先由面部開始，用力皺緊眉頭，閉眼，皺鼻，合唇，咬緊牙關，保持數秒，感受一下肌肉完全收緊的感覺。

5. 然後慢慢將牙關、雙唇、眼睛、眉頭放鬆，感受一下面部各組肌肉由緊至鬆的感覺。

6. 把注意力轉移到肩膀上，讓肩膀盡量向上推，盡力貼近耳朵保持數秒，感受一下肌肉完全收緊的感覺。

7. 然後慢慢將肩膀放下放鬆，感受一下肩部肌肉由緊至鬆的感覺。

8. 把注意力轉移到雙手和雙臂，雙手緊握拳頭，屈起雙臂至胸前，盡力繃緊肌肉，保持數秒，感受一下肌肉完全收緊的感覺。

9. 然後慢慢將拳頭放開，雙手放鬆，手慢慢伸直到原位，手臂放鬆，感受一下手部肌肉由緊至鬆的感覺。

10. 把注意力轉移到胸腹，吸一口氣，挺胸，收腹，保持數秒，感受一下肌肉完全收緊的感覺。

11. 然後慢慢緩緩呼氣，慢慢放鬆胸及腹部，感受一下胸腹肌肉由緊至鬆的感覺。

12. 把注意力轉移到雙腳，提起雙腿，伸直，腳尖盡量指向自己，保持數秒，感受　下肌肉完全收緊的感覺。

13. 然後慢慢放鬆雙腳及腳尖，讓雙腳回到原位，感受一下腳部肌肉由緊至鬆的感覺。

14. 最後又把注意力轉移回到呼吸上，慢慢地用鼻子深深的吸入一口氣，又慢慢地由鼻子把空氣呼出。

15. 調節自己的呼吸節奏，每一口氣都是深、長、慢的。

16. 重複吸氣和呼氣的動作數次，讓身體記憶這份舒適的感覺。

這兩個練習主要是希望透過不同的方式協助我們達到放鬆的境界，在練習時不要過份強調表現，若是不自覺的睡着了，也不緊要，一切順其自然就好。如果發現自己有時分了心，也沒關係，溫柔的將專注力帶回練習當中就可以了。盡量每天練習一至兩次，每次約十至二十分鐘，大約兩個星期，就能慢慢掌握這些技巧。當我們緊張時很快就能察覺到自己的狀態，然

後重新調整自己，讓自己回到放鬆的狀態。

　　最後，若果上述的方法和練習都未能為你自行回復身心平衡狀態，便需要考慮主動尋求心理治療服務，及早改善問題以免影響到身心健康。

第四章
壓力管理

靜觀與反芻思想

曹韻芝博士
註冊臨床心理學家

　　靜觀減壓或靜觀認知治療通常以小組形式進行，由受過訓練的導師帶領。研究發現靜觀減壓或靜觀認知治療對不同的精神問題，包括抑鬱症、焦慮症及痛症等有顯著的幫助。靜觀練習現在日益流行，除了靜觀減壓或靜觀認知治療等比較有規範的模式外，靜觀也被應用於日常生活不同的情況中，如子女管教、人與人的溝通、進食等等。其實靜觀不等於某種治療方法或某種宗教，它也可以是一種態度，我們可以通過不同的方法去培養這種態度，然後用這種態度去面對日常生活上的事情或問題。這種態度的特點包括：它是一種特別的專注、活在當下、不加批判（Kabat-Zinn,1994）、用接納的心、回應而不盲目反應、照顧自己等。可能我們會覺得這種態度或這些特點都是陳腔濫調，又或者很虛無，令人摸不着頭腦，不知應怎樣做才對，這也是我和很多朋友一開始接觸靜觀時的感覺。或者我們可以以一些日常生活常見的壓力事件做例子，試着以這種態度去理解一下壓力、情緒、思想和靜觀的關係。

在與朋友傾談時，經常會分享到生活、人際關係及工作上的煩惱或問題，例如「公司唔體恤員工，不停加工作量，唔當我哋係人。」、「佢都唔明白我，佢覺得我煩，唔想聽我講，我唔再講啦！」、「做嘢唔會做死人呀，但人際關係就煩啦，好多是是非非，令到個人好唔開心。」、「點解個個有事都要找我幫手？無其他人了嗎？」可能我們對這些念頭都不會陌生，並很常見。但如果這些念頭不斷地出現，不只在事情發生期間出現，可能在事情已發生一段時間後、下班後，甚至與家人朋友

相聚時，都會滿滿的充斥着腦海，那它可能就會為我們帶來困擾。這些念頭揮之不散，我們好想通過思考把問題想通，明白別人為甚麼會這樣做，為甚麼會是我等等。但想着想着，通常都不見得會想通了甚麼，不止愈想愈不開心，甚至會將很久以前發生而和現在的問題扯不上關係的不愉快事情，也一併拉入這些思想中，事情便更加複雜了。比如在公司同事不採用你的建議，令你很不快，想着想着，想起小時候家人也試過有人不採用你的建議，再想着想着，覺得世界沒有人重視你的看法，無論再努力，別人都總覺得你做不好，甚麼都不如人⋯⋯又或者將沒有發生或似是而非的事當作已發生的事看待，例如「一看他的眼神就知道他不信我，他的笑容好假，口口聲聲話明白，都不是真心的，他一定覺得我在講大話」！

這種轉來轉去的思想模式叫做「苦惱自責式的反芻」或「鬱結深思」，英文稱為 rumination 或 ruminative brooding（Nolen-Hoeksema, 1991，下簡稱「反芻思想」）。在臨床及研究中，都發現反芻思想和抑鬱症等有密切關連，它不但常見於患抑鬱症的病人身上（Aldao, Nolen-Hoeksema & Schweizer, 2010），也有效預計抑鬱症的發病（Nolen-Hoeksema, 2000）。其實它很常見，可能我們每個人都有過這種思想，這不代表我們就會有抑鬱症，只是當這種思想過份地霸佔及影

響我們的生活，它才變成問題。反芻思想不但不能幫助我們更明白問題的本身或為問題找出有效的解決方法，它更會加強我們的負面情緒。另外，當我們不開心時，反芻思想也會更容易出現。很多被困在反芻思想的朋友都會表達：「我唔想諗呀，但控制唔到，啲念頭自然出現，揮之不去，想着想着，連睡眠都受到影響。」所以不知不覺間，這些念頭已在腦海中或和家人朋友的對話中，不知已出現及重複了多少次，難得和家人朋友相聚的珍貴時間也不免受到影響。而家人朋友一句無心的善意的説話或提醒，例如「你會唔會諗多咗呀？」「唔好諗咁多啦！」都可能觸動到情緒，引發不快的情緒或更多的負面思想，例如「連朋友都幫佢哋話我唔啱！」、「家人都嫌我煩！」嚴重的更會影響和家人朋友的關係，有機會再一步加強我們的反芻思想，加深我們的負面情緒等，結果形成了一個惡性循環。

研究亦發現人腦某些部份同時跟反芻思想、抑鬱症和靜觀練習有關係，它們包括前扣帶皮層（Anterior Cingulate Cortex）及後扣帶皮層等（Posterior Cingulate Cortex）（Apazoglou, Kung, Cordera, Aubry, Dayer, Vuilleumier, & Piguet, 2019; Vignaud, Donde, Sadki, Poulet, & Brunelin, 2018）。雖然我們現在對此認識尚淺，但我們亦可藉此推論靜觀對反芻思

想的可能影響：

1. 特別的專注：通過靜觀練習，希望培養出我們的覺察力，當反芻思想出現時，我們可以盡快察覺。如果我們能夠察覺得到反芻思想的出現，我們便可減低跌入反芻思想陷阱的機會，因為我們知道不停想着「他為甚麼這樣對我？」、「為甚麼所有工作都分給我？」未能幫助我們處理問題。但當我們醒覺到自己正在反芻思想當中，我們便有機會再一次做回自己的主人，可以選擇是否離開反芻思想。當然這不會是一件容易的事，也不是一時三刻便能做到的，就算離開了反芻思想，可能又會再一次跌回其中，這種反覆的情況是很正常的。我們只要每一次分心或察覺又跌入反芻思想時，都試着耐心地將專注再一次帶回來，就好像將迷失的小朋友帶回家一樣，每一次回來，都是值得高興的。

小練習 1：如果你願意，可以試一下這簡單的練習，在手機設定一天內三次定時或不定時發出通知，在收到手機發出通知當刻，用一至兩分鐘時間將專注帶回當下，留意一下當下自己正在做甚麼、身體姿勢及感覺等，同時也可留意自己當刻的專注和正在做的事是否在一起。

2. 活在當下：這和第一點有密切關連，很多時候我們都不是活在當下，尤其是在這繁忙的社會，「一心一用」好像就等

於浪費時間。但愈來愈多研究發現，「一心多用」可能無助增加我們工作效率，反而加大我們的壓力。而且一心不能一用，很多時導致我們「視而不見、聽而不聞、食而不知其味」，有很多日常生活中美妙的小事情小發現，就這樣不知不覺地溜走了或錯過了。另外，不能活在當下也讓我們容易活在過去的不快、過去的緬懷或將來的擔心等等（這不就和反芻思想很貼近嗎？），但卻忘記了我們唯一可以把握的，不是過去或將來，而是現在。如果我們能好好處理現在，將來便可能會少一點後悔了。

小練習 2：承接小練習 1，當你留意自己是否專注於當下後，試着將專注放在呼吸上，吸氣時留意腹部脹起或空氣進入鼻腔的感覺，呼氣時留意腹部降下或空氣流出鼻腔的感覺，可以試着留意呼吸的速度、深淺、空氣的溫度、濕度等，記着不用分析，只直接如實的觀察及感受便可，沒有感覺時，就感受沒有感覺的感覺（對，沒有感覺本身也是一種感覺！），嘗試留意當下的一吸一呼。

3. 不加批判：我們各有喜好，想留住喜歡的物件或感覺，將不喜歡的推開，這是自然不過的事。但是如果過度執着於喜惡，不但減少了我們對不同人、事、物的接受程度，更有可能會帶給我們更多的痛苦。好像當我們遺失了一件很喜歡的

物件，如果我們過度執着於它，可能會跌入反芻思想中，「為甚麼我會遺失了這寶貴的東西？其他的我不要，我只要回這東西，只有這是最好的。」或當和一位以前曾讓你不快的人見面，可能他並沒有做甚麼，但他的一個笑容或一句問候，都可能讓人感到不耐煩或不安，心中可能會想：「他在笑我嗎？他不懷好意，想探聽我生活如何，想確實我過得沒他好。」當我們過早進行批判或過度執着好惡時，我們便可能過早定了前設，很容易對號入座，我們未必可以證明這些反芻思想的真確性，但不快的情緒就必定已產生，而且減少了我們對事物接受的意願及能力，也增加了我們的痛苦。

小**練習**3：當發覺自己跌進了批判的反芻思想中的一刻，恭喜自己這一刻已回到當下，然後可以溫柔的跟自己說：「原來我正在批判的反芻思想中，我感覺到現在有不快的感覺。」如果想的話，可回到練習1及2，讓自己安住在當下的呼吸中，因為我們知道，一直想着自己有多不想失去它或有多不喜歡它，而又不能改變事實時，我們的痛苦只會增加，無助我們減輕痛苦。

4. 接納負面情緒：我們接納一個感覺或情緒，不代表我們一定要喜歡它（很難想像要自己喜歡痛、喜歡嬲怒吧？），只是當它出現了，它已是我們的一部份，而如果它不是一下子

能夠解決掉的，堅持與它過不去，等於與自己過不去，那個痛苦可能會變得更大，讓我們更容易跌入反芻思想中。比如朋友說了一些話讓你不快，這話已說了，也被你聽到了，你的不快感覺亦已出現了，再不停地反芻思想：「為甚麼他要說這話？他其實不是真正朋友、他不明白我、他是不應該這樣說的、他不應令我不開心、我不喜歡這不快的感覺……」其實無助減輕痛苦，倒不如接受現在這一刻確實的感受，避免跌進反芻思想中，使痛苦增加。

小練習 4：如果你願意，可試着短暫地和不快時的身體感覺相處一下，不快的情緒可能顯現在頭脹脹的感覺，或是心口被壓住的感覺、肩膀繃緊的感覺等等，不用分辨自己是否喜歡這感覺，更不用迫自己去喜歡這感覺，只是好奇地觀察，和這個「老朋友」相處一會兒。需要的話，可回到練習 1 和 2。其實我們不開心時，內心就好像受了傷一樣，試着不要去怪責它，試着以覺察的心態陪伴它一會兒，給它一點關顧。當我們懷着滿滿的負面情緒時，專注變得比平時還要困難，我們要知道分心是人之常情，不用批評自己分了心，只要每一次分心，又一次溫柔的將自己的專注帶回來當下，不厭其煩地把自己的專注力再一次帶回來便可以。

5. 回應而不盲目地作出反應：當我們不快時，有些人可能

會不停做事，讓自己很忙及無暇面對問題或不快的感覺，又或者努力和這些不快情緒拉扯，希望能將之消除。又或者在嬲怒時，好像沒有選擇，就是要破口大罵，才能讓自己的鬱悶發洩出來。可能我們都很努力希望可以將問題解決，但是如果我們發覺自己用的方法不但沒有將問題解決，而且會為自己帶來更多的問題或負面情緒的話，我們可能要停一停，留意我們是否以習慣的盲目反應來面對問題？很多時候，在強烈的情緒影響下做的決定或行為，都會在情緒過去後（是，情緒和其他一切東西一樣，會來會走）使我們感到後悔，或發覺那決定或行為不是對我們最好的。比如嬲怒時將家人同事罵了一頓，但當怒氣宣洩了，可能會感到後悔或尷尬，這都會令自己感覺難受，所以，不要讓習慣或情緒做你的主人，要自己做回情緒的主人，作出智慧的回應。

小練習 5：可試着比較一下，在強烈負面情緒影響下做的決定或行為，跟心平氣和時做的，是否有不同？哪一個更符合你的個人價值觀及對你來説更合適？

6. 善待自己：小時候看古裝片，常會聽到一句「人不為己，天誅地滅」，但在過去多年的臨床工作中，我反而見得更多的是不會照顧自己的人。他們都滔滔不絕地告訴我他們要盡的責任、誰需要他們甚麼、他們應該做甚麼等，但當我反問他

們：「那你呢？你需要甚麼？」時，十居其九會很錯愕地望着我，好像我正在説另一星球的語言一樣。當我重複問題後，他們通常已定過神來，我收到最多的答案是：「我？我冇諗過喎，我唔知喎！」聽來很難以置信，但這就是我最常收到的答案。可能我們是時候要提醒自己，照顧自己的重要，及學習善待自己。

小練習6：練習6和練習5息息相關，我們要知道自己需要甚麼喜歡甚麼，才能知道哪一個決定對自己來說是最合適的。可以試着訂下五樣你喜歡的事情，記着，不是為別人而做，是為了自己而做的事情。可能你會説：「我無時間」，但這些事情可以是很簡單的，例如聽一首自己喜歡的歌、去茶餐廳飲一杯自己至愛的奶茶，或讓自己回家前到公園坐五分鐘看看花草樹木等。而且你可以問一下自己，每日給自己五分鐘時間想想自己是否真的太過份、太貪心、太自私？試着每天給自己一些「私人時間」，做自己喜歡的事，為自己而做的事，學習對自己少一點苛刻，多一點仁慈。

正如其他所有的方法，靜觀不是萬能，也不會適合所有人，而且很難以幾段文字就能夠將靜觀解釋清楚。這次只是想借這篇文章分享一下個人對靜觀的少少認識及經驗，如果能夠引起你對靜觀的興趣，希望你能找機會加深對靜觀的學習、認

識和應用。同時亦想提醒一下，如果你們正在接受精神科或心
理治療，請先諮詢你們的醫生、臨床心理學家或治療師，看看
靜觀是否適合你。

參考資料：

Aldao, A., Nolen-Hoeksema, S., & Schweizer, S.（2010）. Emotion-regulation strategies across psychopathology: A meta-analytic review. *Clinical Psychology Review. 30*（2）, 217-237.

Apazoglou, K., Kung, A., Cordera, P., Aubry, J., Dayer, A., Vuilleumier, P., & Piguet, C.（2019）. Rumination related activity in brain networks mediating attentional switching in euthymic bipolar patients. *International Journal of Bipolar Disorders, 7*（3）, 1-13.

Kabat-Zinn, J.（1994）. *Wherever you go, there you are: Mindfulness meditation in everyday life*. New York: Hyperion.

Nolen-Hoeksema, S.（1991）. Responses to depression and their effect on the duration of depressive episodes. *Journal of Abnormal Psychology, 100*（4）, 569-582.

Nolen-Hoeksema, S.（2000）. The role of rumination in depressive disorders and mixed znxiety/depressive symptoms. *Journal of Abnormal Psychology, 109*（3）, 504-511.

Vignaud, P., Donde, C., Sadki, T., Poulet, E., & Brunelin, J.（2018）. Neural effects of mindfulness-based interventions on patients with major depressive disorder: A systematic review. *Neuroscience & Biobehavioral Review, 88*, 98-105.

第四章
壓力管理

音樂治療與情緒管理

伍偉文博士
註冊音樂治療師

音樂——每天都與我們息息相關，當我們在家中收看電視節目、打開收音機、逛街或到餐廳品嚐美食，到處都充滿了美妙的樂音。有些人喜歡古典音樂，有些人喜歡粵曲，也有些人喜歡流行音樂，不管我們喜歡哪一類型的音樂，當我們找到自己心愛的曲調時，那份喜悅及滿足感真的難以筆墨形容。

音樂除了帶給我們這份喜悅和滿足感外，原來音樂也可以用來治癒身心疾病。早在數千年前的部落中，祭師已懂得利用音樂、舞蹈及儀式替病人治病。到了中世紀，有很多美學家、詩人及音樂家均倡議利用音樂抒發情緒及保持身心平衡。到了20世紀，音樂治療已正式列入大學課程中的一個專業學科，在那裏培養音樂治療師，為有需要的人士提供服務。

所謂音樂治療，簡單地說，就是有計劃、有組織地使用音樂，以期望幫助參加者改善生理、心靈、情緒、認知、人際關係等治療目標。音樂治療的應用很廣泛，除了可以幫助一般身

心受壓的人士紓緩情緒及減輕壓力外，音樂治療更被應用於發展遲緩的小孩、精神或心理障礙人士、身體傷殘人士及患有老人疾病之長者，幫助他們達到治療目標。

　　音樂治療的方法有以下五種形式：聆聽法、再造法、即興法、創作法和歌唱法，在進行以上方法時都必需有音樂治療師參與才能發揮最佳的效果，但是有一部份的音樂減壓活動卻可獨自或與朋友一起進行，只要我們掌握有效的方法時，多作練習，也可以達到預期的減壓效果。以下是四種常用的音樂減壓活動，不太懂得音樂的人士也可以參與：

（一）心靈音樂之旅（聆聽音樂配合心靈想像）：

（1）選擇一個安靜的環境，舒適地坐在椅子上；

（2）準備一些輕鬆優美的音樂（約 15 至 20 分鐘）；

（3）閉上眼睛，深呼吸三至五次，並提醒自己每深呼吸一次就越輕鬆；

（4）告訴自己：音樂開始時，音樂會帶領自己到一個很漂亮的地方，進行一個很舒服的音樂旅程，當音樂終止時，旅程便要結束；

（5）播放音樂，好好的享受旅程；

（6）待音樂完結後，張開眼睛，站起來深呼吸及伸伸懶腰，回味旅程中那種輕鬆的感覺。

（二）音樂鬆弛運動（聆聽音樂配合肌肉鬆弛運動）：

（1）選擇一個安靜的環境，舒適地坐在椅子上或躺臥在床上；

（2）準備一些輕鬆優美的音樂（約 10 至 15 分鐘）；

（3）閉上眼睛，深呼吸三至五次，並提醒自己每深呼吸一次就越輕鬆；

（4）播放音樂，細心聆聽音樂（約 2 分鐘）；

（5）把注意力集中在腳掌，用力收緊腳趾，約 3 至 5 秒後完全放鬆（重複以上步驟 3 至 5 次）；

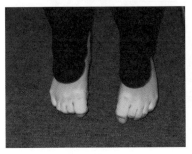 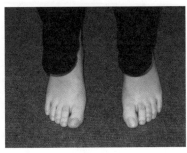

（6）把注意力集中在雙手，用力收緊拳頭，約 3 至 5 秒後完全放鬆（重複以上步驟 3 至 5 次）；

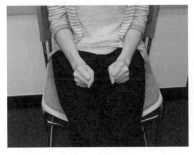 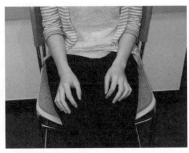

（7）把注意力集中在面部，用力收緊面部的肌肉，約 3 至

5 秒後完全放鬆（重複以上步驟 3 至 5 次）；

（8）把注意力集中在肩膀，用力向上收緊肩膀，約 3 至 5
　　秒後完全放鬆（重複以上步驟 3 至 5 次）；

（9）完成動作後，繼續聆聽音樂，待音樂完結；

（10）音樂完結後，張開眼睛，站起來深呼吸及伸伸懶
　　　腰，感受一下身體的鬆弛。

（三）自然樂聲之旅（享受樂器製造出來的大自然之音）：

（1）選擇一個安靜的環境，舒適地坐在椅子上；

（2）準備一個浪聲鼓或雨聲棒在身旁；

（3）閉上眼睛，深呼吸三至五次，並提醒自己每深呼吸一
　　　次就越輕鬆；

（4）拿起身旁的浪聲鼓或雨聲棒，隨意輕搖；

（5）讓海浪聲或雨滴聲帶領我們進行音樂之旅；

（6）好好的享受旅程；

（7）約 15 至 20 分鐘後漸漸停下來；

第四章
壓力管理

（8）張開眼睛，站起來深呼吸及伸伸懶腰，回味旅程中那
　　 種輕鬆的感覺。

（四）健康非洲鼓樂：

　　有些人是需要參與消耗體力的活動才能達到減壓及紓緩情
緒的目的，因此,在國外，很多人喜歡以打非洲鼓（Djembe）來
減壓，但他們不是一個人在苦練，而是與一群志同道合的「鼓
友」一起參加集體鼓樂。集體鼓樂的人數可以從幾個到數百
人，他們每星期固定一個晚上或下午（約兩小時），在學校的
教室或室內運動場舉行，人數少的會圍成一個圓圈，但人數多
起來的話，他們會把這個圈向外擴展，圍起層層疊疊的圓圈，
所以外國人才稱這個活動為 Drum Circle（鼓圈）。在集體鼓樂
中除了鼓手外，還有一主持人（Facilitator）站在鼓圈的中央，
以不同的手號引領參加者打出不同的節奏與組合，幫助參加者
達到治療、減壓及舒展身心的目的。

　　為何集體鼓樂能吸引這麼多人參與？

　　1. 技巧簡單：參加者只需用十分鐘學會簡單的擊鼓技巧，
便能以非洲鼓打出基本的高低音，即可在集體鼓樂中盡情發
揮。

2. 不分你我：參加集體鼓樂的人士不分性別及年齡，他們可以是小孩、青少年、成年人或長者，而特殊需要的人士同樣可以參加，與眾人一起體驗當中的樂趣。

上班一族打非洲鼓

3. 合作合群：集體鼓樂是團體活動，參加者一同合作打出節奏，彼此支持，互相鼓勵，漸漸與鼓友建立默契及深厚的友誼，體會團隊的精神。

在香港舉行的集體鼓樂，吸引了二百多人參加！

第四章
壓力管理

4. 個人空間：在集體鼓樂中，參加者會有一定的個人空間，他們在統一的拍子下可以創作別具一格、變化萬千的節奏，更可隨着當時的需要調節力度與密度，故有相當的個人創作空間。

5. 抒發情緒：參加者可以在剛提及的個人空間中表達情緒，把自己的喜、怒、哀、樂寄情於快、慢、強、弱的鼓樂中，而他們在擊鼓時更可以用手掌親身感受由情緒轉化成的力量，藉此抒發情緒，了解自我。

6. 鍛煉身手：集體鼓樂講求手腦配合，身心一致，參加者在過程中能有效鍛煉身心的配合，是一項很健康的運動。

7. 盡顯才能：參加者除了可以在鼓樂中表現個人的技巧與創作力外，也可一嘗成為集體鼓樂中的主持人的滋味，一來可以引導和啟發鼓友們作不同的音樂組合，打出別具創意的節奏，同時，也可以發展帶領技巧，盡顯個人才華。

8. 幫助專注：集體鼓樂的主持人常以手號、動作或眼神表達信息，參加者需要注意主持人的一舉一動，捕捉他的方向及意圖，並且要肯定節奏上的改變；在整個過程中，參加者必須全神貫注。

集體鼓樂不但有益身心，而且有助發展個人才華與專注力，更能幫助參加者廣交好友，健康地發展人際關係，的確

是一項很好的活動。其實，無論是公司、團體或學校都可以定期舉行集體鼓樂，只要找一位有經驗的集體鼓樂主持人及具備充足的樂器與場地即可開始；倘若你有興趣成為集體鼓樂主持人，可以參加一些 3 至 7 天的 Drum Circle 主持人訓練班，馬上便可以體驗當主持人的樂趣。

（六）流行歌曲

以上介紹了多種音樂減壓的方法，但相信不少人都很喜歡流行歌曲，它可以說是現今人們的精神食糧，也是形成社會文化的元素之一。小孩子喜愛唱兒歌、年輕人陶醉於浪漫的情歌之中、長者鍾情於數十年前的粵語及國語時代曲、部份人士熱愛歐美流行曲或粵曲等，不論是哪個年代，哪個語言或哪個歌手演唱，他們喜歡的並不單純是音樂，也包括了歌詞；當聽眾每一次聆聽自己心愛的歌曲時，都會被歌詞吸引着，有時候更會思考歌詞的意義。

我們聆聽音樂時，腦海裏有廣闊的再創作空間，把自己的

人生經驗、對音樂的認識及個人的見解加入音樂之中，最終音樂變得抽象及個人化；但音樂加入歌詞後，音樂就好像變成了一個平台，讓填詞人按照音樂的風格、演唱者的個性、歌曲的主題或劇集的內容，把一些重要的信息譜寫在旋律上，因此歌詞所帶出的信息較為具體，並且可以直接觸動人心，成為治癒心靈的良藥。

不同歌曲的特性

兒歌——往往是輕鬆愉快的歌曲，歌詞正面而單純，例如鄭國江填詞的《小時候》及宋揚作曲填詞的《讀書郎》，均反映出小孩子天真無憂、好學不倦的心境與態度，當小孩子聆聽或唱出這些歌曲時，有時候更跳起舞來，把他們天真可愛的一面表露無遺；而成年人再聽到這些歌曲時，自己也彷彿回到童年時，再一次享受兒時的童趣。

情歌——曲調多較婉轉，歌詞能一針見血地把聽眾千絲萬縷的心情反映出來，例如黃偉文填詞的《最佳損友》及許少榮填詞的《潘朵拉的盒子》等歌曲，讓聽眾可以回憶往事及漸漸接受現實，把心中的情結一一解開。

勵志歌曲——旋律較為平穩，歌詞中帶有很多比喻及不同的情境，讓聽眾好好思考及消化，吸收歌詞裏的正面信息，例

如黃偉文填詞的《我的驕傲》及《明日恩典》等，都能激勵我們積極面對人生。

其實，有很多歌詞曾與我們共度患難，幫助我們解開了不少的鬱結，紓緩了心中的悲傷，改變了消極的思想。倘若我們又陷於類似的困境之中，我們只要把這些含有特別意義的歌詞拿出來聆聽或歌唱，這些歌詞都能再次幫助我們戰勝逆境，並且可以紓情解困。

總的來說，以上不同的方法（聆聽法、再造法、即興法、創作法和歌唱法），你都可以嘗試，相信你會找到一種適合自己的音樂減壓法，幫助自己紓緩情緒，讓身心更健康，可以迎接每天的新挑戰。

書法與養生

李振鏵老師
職業書畫家

　　隨着現代生活節奏的加快和社會角色的多樣化,人們所承受的壓力也愈見沉重,各式各樣減輕身心壓力的養生方法也層出不窮。書法被認為是養生之首,自古就有「壽從筆端來」的說法,道出的正是書法與養生之間的關係。

一、書法家大多長壽

　　宋代詩人陸游說:「一笑玩筆硯,病體為之輕。」是說練習書法,筆下生力,墨裏增神,有利於防治疾病,強身健體。

　　翻開書法史,發現一個耐人尋味之現象——著名的書法家高齡長壽者甚多。歐、顏、柳、趙四大書法家皆逾古稀之年,歐陽詢享年 85 歲,顏真卿壽至 76 歲,柳公權高壽 88 歲。虞世南 89 歲,而如隋代的智永更是活了近百歲。現代書家張宗祥 84 歲,沈尹默 88 歲、林散之 87 歲。由此我們可以將書法與養生之間的聯繫,剖其由、達其源,做一番通觀概論。

二、書法與中醫養生之間的關係

人們把寫毛筆字與健身長壽聯繫在一起，當然是有一定科學道理的。首先，從身體上來說：屬於體力活動，過程中調和運氣，有益身體。

每日臨池握筆，開卷書寫，必然端坐凝視，專心致志。寫字時頭正、肩鬆、身直、臂開、足安；執筆則指實、掌虛、掌豎、腕平、肘起。根據中醫經絡學說，手揮筆管，可摩動「足三里」這個強壯穴。我們常用的五指執筆法，非但可把字寫得剛健有力，而且通過手指活動能調和氣血，活絡關節，平衡陰陽，有益身體，促進生命活力。

練習書法是輕體力勞動，它幾乎需要全身活動。一身之力由腰部而漸次過渡到肩——肘——腕——掌，最後貫注到五指，運行於毫端。古人云：「力發乎腰」，「務使通身之力奔赴腕下」，就是指此而言。因此，練字看上去只是手在動，其實全身的氣血都在運行，書寫者絕慮凝神，心正氣和，可見書法過程貫穿了氣機的調節、意念的運用和情致的駕馭，最終達到天人合一的過程。

其次，調節心態，穩定情緒。

中醫學認為：「人有五臟化五氣，以生喜怒悲憂恐」。七情太過可使臟氣失調，書法可調節心態，使情緒穩定。

書法可調節心態，使情緒穩定。狂喜之時，習書能凝神靜氣，精神集中；暴怒之時，能抑鬱肝火，心平氣和；憂悲之時，能散胸中之鬱，精神愉悦；過思之時，能轉移情緒，抒發情感；驚恐之時，能神態安穩，寧神定志。

書家周星蓮在《臨池管見》中所云：「作書能養氣，亦能助氣。靜坐作書數十字或數百字，便覺矜躁俱平，若行、草，任意揮灑，至痛快淋漓之候，又覺靈心煥發。」亦有人稱書法是紙上進行的氣功和太極拳，寫字和練太極拳一樣，要求凝神靜慮，端己正容，心平氣和，意沉丹田，氣運形體。需要靈活自如地運動手、腕、臂乃至全身，所謂「以通身之功之力而用之」。如此必會自然地通融全身的氣血，使體內機能得到柔和的調整，促進血液迴圈和新陳代謝。

同時，寫字還具有不可忽視的心理保健作用。唐太宗《筆法訣》説：「夫欲書之時，當收視反聽，絕慮凝神。心正氣和，則契於去妙；心神不正，字則欹斜；志氣不和，書必顛覆……」、「喜則氣和而字舒，怒則氣粗而字險，哀則氣鬱而字斂。」不同的心理狀態會使人受到不同的影響暗示，寫出的字也各不相同。

楷書：字體端正工整，結構緊密，筆法嚴謹，沉着穩重，適合於焦慮、緊張、恐懼症、冠心病、高血壓、心率紊亂患者的心理調節。

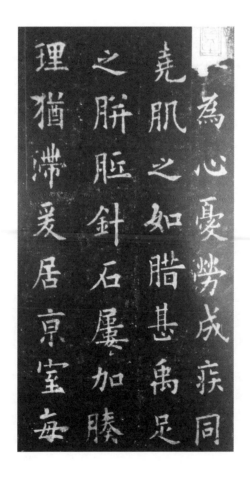

行書：字體如行雲流水，輕鬆自如，對抒發靈性，培養人的靈活性和應變能力很有幫助，適合憂鬱症、有強烈自卑感、手足麻痺、腦血栓患者練習。

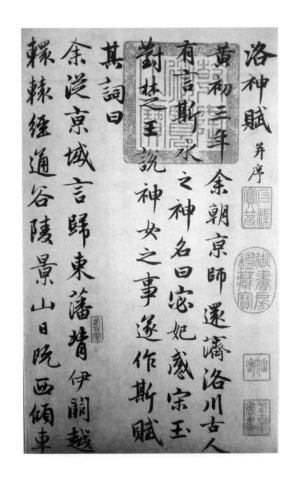

草書：體態放縱，筆勢連綿迴旋，離合聚散，大起大落如風馳電掣，一氣呵成。尤其適合精神壓抑，憂鬱者抒情達性之用，而不宜焦躁者練習。

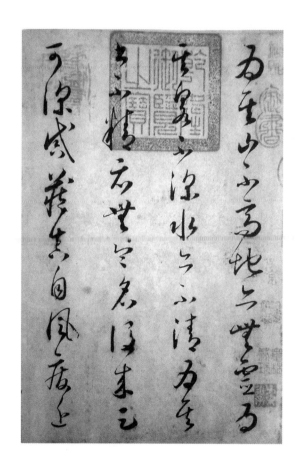

隸書：書體從容，風格變化多端，形象豐富，對於調節焦躁不安，固執偏激的情緒者有幫助。

三、無可替代的書法修身養性之優點

1、書法養神

《黃帝內經》說：「靜則神藏，躁則消亡。」書法能讓人的心靜下來，通過學習書法凝神靜慮，少躁動，書法之動是專一不雜、養神之動。

2、書法養心

學習書法可以培養我們耐心、細心的素質。耐心恆也，細心微也。老子說：「天下大事，必作於細」，杜甫有詩曰：「始知豪放在精微」。書法的起筆收筆處可培養我們精微的好習慣。

3、書法養目

書法要心悟手出，耳濡目染，而觀察最為重要。孫過庭在《書譜》中說：「察之者尚精，擬之者貴似」，書法尤其注重眼的觀察能力。

4、書法養美

學習書法是學會欣賞美、發現美、創造美的過程。

5、書法養勤

練習書法需要堅持、勤奮，會培養人的耐力。唐杜甫《柏學士茅屋》詩：「富貴必從勤苦得，男兒須讀五車書。」

6、書法養學

學習書法不僅僅在學寫字，同時也是注重傳統义化的學習，諸如經子史集等傳統文化。

書法不僅是一門藝術，也是一種養生之道。習書法，既能培養高雅的愛好情操，也是一種修身養生的好辦法。同時祝願大家在書法逸趣中，洞徹書學真機，身心怡然，益壽延年。

表達藝術治療減壓妙方

林　熙
註冊藝術（表達藝術）治療師

「你有壓力，我有壓力，大家都有壓力」？

現代社會生活多樣化，隨着時代急速的發展，人們所承受的壓力也愈見沉重，若果壓力不能獲得適時適當的解決，慢慢就會產生緊張、焦慮、不安的情緒，甚至最後就演變成精神疾病或情緒病患，對身心都會造成很大的困擾與傷害。當面對相似的事件或情境，誰叫游刃有餘地應對，誰曾一籌莫展呢？除了外在客觀環境的因素外，我們不能忽視內在的心理因素。因着每個人都有不同的主觀感受和覺知，從而會產生不同的生理及心理反應；尤其個人性格、思想模式、面對問題的態度、自我調節的能力等，都會直接或間接影響個人對壓力的感覺及反應，所以面對壓力時應學會靈活處理，因時制宜。

個人專屬壓力處方：「表達藝術治療」

既然壓力在身心健康的發展中，具有一定的影響力；利用

切合自身需要的壓力管理，從中建立一套適合自己的健康生活模式是非常重要的。近年開始備受關注的表達藝術治療，可以個人化地，因應不同人的不同需求，應用不同的藝術媒介作為治療手法，而且不需要擁有專門的藝術訓練或經驗，任何人都可以參與，過程中不但可以減壓、舒壓、讓心情變好，更能使生活增添樂趣！

甚麼是「表達藝術治療」？

表達藝術治療就是結合藝術與心理治療，以不同的藝術活動作為媒介，利用藝術本身對身心的療癒作用及非言語溝通的優點，在專業的表達藝術治療師的引導及協助下，通過繪畫、音樂、舞動、創意寫作或角色扮演等方式和手段，根據治療目標和不同個案的需求來進行治療，在安全及舒適的環境中，疏理情緒，走出困局，自由地透過藝術創作活動，讓內心的情感得以釋放，使難以言喻的思緒適當地表達，從中對事物建立新的體會或看法，甚至啟發出一些解決問題的方法。因生理問題所產生的壓力、緊張、不安、焦躁等身心疾病，亦可一樣採用表達藝術治療獲得改善及治癒。

可是值得注意的是，表達藝術治療師必須經過嚴格的專業訓練和臨床技巧培訓，獲得認證及註冊後才能執行治療，所

以當中的操作並非一般的藝術活動，這也説明為甚麼普通參與
學畫畫、學音樂、學跳舞或其他興趣班等等的活動，難以獲得
同等的治療效果。但慶幸的是，除了心理治療的專業治療方向
外，在日常生活中，我們每個人都可以好好地運用藝術活動來
調劑身心、調適壓力、培養正念和樂觀的生活態度，並且善用
自身的創造力和手上的資源，去積極面對困難，使管理壓力與
情緒可以輕鬆上手。

第四章
壓力管理

「表達藝術治療」日常應用法

以下是筆者作為一位註冊的表達藝術治療師，透過多年的經驗，介紹一些以視覺藝術為主，比較適合香港生活環境及節奏，操作簡單容易，並可自我實行的藝術活動，為大家介紹如何透過藝術來達成減壓的目標：

減壓從減法開始

人們很容易放大憂慮或設定過高的期望，尤其學生或年輕人，在高壓的學習或工作環境下，很容易在不知不覺間受朋輩／同事、家長／上司、社會標準／公司文化等，為自己添加無形或額外的壓力，結果令學習或工作常處於緊張及焦慮的狀態，影響表現或未能發揮所長，使結果往往不如理想或事倍功半！所以，不要把眼光只投放於結果，而是改變心態，減去不合情理的比較、減走別人對你過份的要求、減少不必要的憂慮、減低不切實際的期望等，好好地體會自己努力的過程，從中吸收寶貴的經驗；更可以嘗試透過藝術活動來見證自己的努力，從而減少過程中所承受的壓力。

如何準備及實踐的步驟：

1. 準備一些藝術活動材料，例如：舊報紙、用過的廢紙

或可撕的舊日曆、木顏色筆或鉛筆。把收集到的紙張，修剪成同一大小，用打孔機打孔並穿上繩子，紮成一沓類似便紙條備用。

2. 每天抽 5 至 10 分鐘的時間，找一個安全舒適的私人空間。

3. 選用你喜歡的木顏色筆或鉛筆。

4. 在準備好的一沓紙上，塗上顏色（覆蓋紙面不少於一半的面積），每次盡量順一方向，一氣呵成地塗一張紙，喜歡的話可以塗幾張不同或相同顏色的紙張，或在同一張紙上，塗上幾層相同或不同的顏色，過程中只專注於塗色。

5. 當手指感到疲勞或你覺得已經塗好後，請閉上雙眼，然後深呼吸幾下，同時腦中把你的煩惱或壓力，透過想像力傳輸去剛塗完的紙上，然後把這些張紙撕掉，棄於廢紙箱。

利用減法以身體力行去轉化壓力

當我們每天很努力或在能力所及的範圍內，已經嘗試做得最好，回到家後仍然覺得被壓得喘不過氣來的時候，便可透過上述這簡易的活動，告訴自己眼前的問題絕對不是永恆的，而且不要把今天的壓力帶到明天，利用減法以身體力行的方法面對壓力，讓自己感受壓力終有盡頭，就像是討厭考試的學生或

127

感到工作十分疲累的人，每去考一天試或工作一天，距離考完或出糧的日子就縮短了一天。若果你把事件視為經過，再大的壓力或再難纏的狀況，每經歷一秒，離解脫就又更近一步了！這「表達藝術治療」日常應用法的時間安排及期限，可按實際情況調整長短，完成一沓紙後，就如同減去了多餘的東西或棄掉一些垃圾，可以讓心靈換來輕鬆一點的感覺；而且不管結果如何，都要給曾經努力過的自己一些獎勵啊！

轉化壓力變成動力，感恩成長的機會

心理學家愛蒙斯（Robert Emmons）和馬柯勞（Michael McCullough）的實驗研究發現，每天花一分鐘表達感激，能產生深遠的影響。因為在大多情況下，令人們受苦或困擾的，往往不是情況本身，而是人們對於情況的想法。你如何看待壓力，便會引申出壓力將如何影響你！所以，可以嘗試透過創意寫作來表達感恩從而減壓。

如何準備及實踐的步驟：

1. 準備一些藝術活動材料，例如：便紙條、白卡紙或普通白紙、顏色筆或原子筆及一面大鏡子。

2. 抽 10 至 20 分鐘的時間，找一個安全舒適的私人空間。

3. 開始前做一些伸展運動，大約 5 至 10 分鐘，盡量放鬆身體；或讓自己閉上雙眼，可以坐或臥着進行深呼吸，靜默 1 至 3 分鐘。

4. 在準備好的紙上，寫上感謝是次所面對的挑戰／困難、感謝自己付出努力的語句或你想感激的人的名稱，並附上感謝或祝福語句，然後用自己喜歡的顏色筆，自由畫一些圖案或裝飾。

5. 完成後，請對着鏡子，慢慢地清楚誦讀出你所寫的字句，至少放聲誦讀九遍，然後把紙張貼／放在你經常會看到的地方。

第四章
壓力管理

感受創意寫作及誦讀的自由力量

創意寫作是極為自由的，它不需要講求格式或句子的完整性。整個過程可以選用任何你懂或熟悉的語言來表達，要有自信心清楚地大聲讀出來，速度宜慢，面帶微笑更佳！重點在於自然地隨心去表達內心的愛與感恩之情，希望透過感恩的力量，積極地面對眼前的挑戰，透過自我的鼓勵，增強正向的能量，幫助我們紓緩身心緊張鬱悶的情緒，為面對壓力的人，開啟另一扇窗，使自身面對問題的力量，慢慢地培養及釋放出來！若果我們感謝困難帶來的鍛煉機會，勇於接受各種挑戰，把磨練當成成長的機遇，便可鍛煉出更強大的自己，更有能力替自己創造成功的人生。

學習與壓力相處，重新找回身心的平衡

其實，很多時壓力的大與小，與你的在乎程度成正比。日常生活中諸多事情，當中大小瑣事都可能是壓力的源頭。特別是當面對轉工、考試、人事糾紛、婚姻問題上的一些轉變、困難或挑戰時，都會構成不少壓力及情緒。所以，當你遇到上述的問題或將會面臨類似的境況時，可以嘗試借「表達藝術治療」日常應用法去疏導壓力。

如何準備及實踐的步驟：

1. 準備一些藝術活動材料，例如：白紙、填色繪本和顏料。

2. 抽 30 至 45 分鐘的時間，找一個安全舒適的私人空間。

3. 開始前做一些伸展運動，大約 5 至 10 分鐘，盡量放鬆身體；或讓自己閉上雙眼，可以坐或臥着進行深呼吸，靜默 3 至 10 分鐘。

4. 在紙上，輕鬆地用自己喜歡的顏色自由塗鴉，開始時如有困難，可以用最簡單的點、線或幾何圖案繪圖，繼而再自由創作更多花樣，或利用填色繪本中的圖案，選擇自己喜歡的顏色及顏料去填色，其間可嘗試切換不同的顏色或顏料，過程中只專注於填色或繪畫。

5. 直至你認為滿意或設定的時間到後，便可以結束。不需要急於一次過完成，有時同一幅作品可以分多次進行填色或創作。

6. 觀察和用心感受你完成的作品，細味當中所表達的內容，看看有沒有一些有趣的新發現。

填色與繪畫的減壓導向

整個過程最重要是提醒自己，要以開放及包容的態度去進

行，不要批判自己繪畫的能力或效果，因為你的目的不是在進行美術訓練，而是暫時放下當前的困擾及憂慮，把注意力投放在藝術創作活動中，讓創作活動的過程，分散注意力或暫時拋開現實世界，進入充滿想像和創意的空間。填色有助穩定個人的情緒變化，在過程中亦可使人安靜下來，心情平和下來，從而能亨受當下的自我空間。若果你能夠非常投入，也許會有種忘憂的愉悅感，感受到自己可從困擾的旋渦中抽離，讓你不糾纏於其中；或事後有助你更客觀和清晰地了解目前的狀況。另外，完成後的藝術作品是一個很好的載體，是增進個人與他人交流的最佳途徑，可以與別人分享藝術創作所帶來的苦與樂，有利於與人溝通及改善人際關係。因此，此活動可以隨心地按需要進行，以輕鬆的手段學習與壓力相處，重新找回身心的平衡，減輕壓力和調劑情緒。

「表達藝術治療」日常應用法中的醒目提示：

　　1. 上述所有的藝術創作活動，可以自由地搭配不同的材料或增減一些步驟，只要找到適合自己，可以令自己放鬆，舒展，自在的方法便好！

　　2. 顏料可根據個人喜好選擇使用不同類型的顏料，如木顏色筆、彩色畫筆、蠟筆、水彩、油性粉彩、廣告彩、塑膠彩

等。注意不同顏料的使用方法有所不同，可以依個人能力去選擇適合自己的顏料，若果想挑戰一下難度，不妨預先練習一下，再進行創作。

3. 時間控制可彈性處理，盡量給予自己有充裕的時間進行創作為佳。

4. 在藝術創作過程中，可以播放一些柔和或自己喜愛的音樂，以音樂陪伴自己，同時達到專注當下的效果。

5. 如果發現情緒極差或提不起勁去執行任何自發的藝術創作活動，請立即向相關專業人士求助。

藝術可以做一輩子的朋友

「不如意事常八九，可與人言無二三。」每個人在不同階段，都有機會面對不同的壓力，有時候，想找人訴苦也不易，但是只要能與藝術建立良好關係，你就像多了一位忠誠的朋友。透過上述所介紹的藝術活動，正確恰當地使用藝術，不但可以減壓，也有助自己冷靜下來看清事實情況及賦予空間去紓緩。因為藝術具備有感性的特質，而且對大多數人來說，它沒有攻擊性、容易親近，又十分具彈性，可以自由創作不同的風格和滿足個別需要。所以，藝術可以很容易地連接內心的感受與內在的覺知，有效地紓緩心理壓力。

總結

其實，壓力本身不是問題，問題在於是甚麼東西讓你感到有壓力呢？認清壓力的源頭有助我們減壓，同時，我們也必須提高適應環境的能力、自知與自信、練習轉念、做好時間管理、適度運用人際關係，再透過藝術活動來協助自制、自我解脫、提升抗壓力、尋找精神寄託、培養興趣、陶冶性情，更可以時常保持身心放鬆，幫助自己應對壓力和做好壓力管理。

針灸按穴減壓力

周鳳珍醫師
註冊中醫師

　　壓力源自生活，實質是生活的一部份，承受壓力的能力因人而異，可以是推動力，但壓力太過時會令人難以應付，影響情緒，引致身體出現如失眠、便秘、食慾下降或暴飲暴食、頭痛、女性月經失調、男性性慾低下等症狀，或對周遭事物不感興趣，持續下去有可能演變成慢性疲勞綜合症，這是現今社會的普遍都市病，應予重視。中醫學認為情志（即情緒）可以致病。要預防情志致病，應該從未有明顯症狀時便着手調理，《黃帝內經》云：「是故聖人不治已病治未病，不治已亂治未亂……」消減由壓力所致的身體不適，可通過中醫的養生概念，以中藥、針灸、推拿按摩等方法來調整身心靈，切合古代哲人所說的治未病原則。本文集中討論如何通過針灸和穴位按摩減輕壓力。

針灸減壓的機理

　　針灸療法是在中醫理論指導下，運用針刺和艾灸刺激在

第四章
壓力管理

人體的經絡系統（經絡腧穴）發揮調節作用，從而防治疾病的一門臨床科學。近年大量的臨床研究顯示，針灸是通過刺激人體經絡系統發揮調節作用，影響人體的各個系統，產生適當的神經傳遞物質和激素，改變生理機能，達致治病目的。例如針灸能刺激腎上腺功能，使分泌類固醇激素，達成相同的治療效果，可避免藥物的副作用；針灸可紓緩戒煙時出現的退癮症狀，幫助戒煙者維持不再吸煙的決心。針灸有效治療精神情緒病患，如抑鬱症 [1,2,3]，根據這些研究推論，針灸對紓緩壓力有一定的療效。

針灸的感覺

針灸時，醫師根據中醫辨證論治的原則，通過技術和經驗的配合，為病人施針。大多數人覺得施針部位有點痠、麻、脹或循經感傳的感覺，這種感覺稱為「得氣」。病人得氣後，會產生相應的治療效果。

處理情志病，醫師臨床上常選用安神定志穴位，如百會、四神聰、太陽、風池治療情志失常、失眠、頭痛等問題；選用疏利氣機穴位，如膻中、期門、四關穴（合谷及太衝）治療氣機鬱滯、情緒不暢等問題；選用背部膀胱經背俞穴，如肺俞、心俞、肝俞、脾俞、腎俞五個穴位，治療與五臟有關的問題。[4]

個案一

　　阿麗是一名中年婦人，患上抑鬱症兩年多，她性格比較內向，對工作處事要求高，給自己很大的壓力，表現愁眉不展、情緒鬱悶的情況，家人建議她看精神科醫生，醫生診斷她患上抑鬱症，給她處方抗抑鬱藥，服藥兩年多停藥，及後情緒反覆、出現妄想及焦慮，再服抗抑鬱藥治療，服藥時覺神疲乏力，思想負面，對事物不感興趣，欠缺動力，家人勸說她嘗試用中藥配合針灸治理。中醫診斷她的證型為肝鬱氣滯證，取穴以四神聰、百會、神庭、太陽、四關穴，每週一至二次，每次隨症加減，經過服中藥及十多次針灸治療後，病情改善，思想較前積極，情緒紓緩，精神好轉，精神科醫生亦為她調減藥物。

個案二

　　阿均是一名二十多歲的青年，十多歲讀中三那年，正踏入青春期，臉部暗瘡嚴重，被同學欺凌，譏笑他外貌醜陋，因此患上焦慮症，不能處身人多地方，不敢直視陌生人，從中四起便輟學，隱閉家中十多年。幸好他家境不俗，父母對他不離不棄，帶他到處求醫，希望他能回復自信，重返社會。他曾看精神科醫生、心理醫生及催眠師，服藥的十多年中病情反覆，

常憂心藥物引起的副作用，又不能控制飲食，身體超重，有便秘、暗瘡、自我形象低下等問題，外出看病只能乘的士。他的父母聽從朋友對針灸治療情緒病的推介，讓阿均接受了每週二至三次的針灸治療。中醫診斷他的證型是肝鬱化火證，取穴除頭部穴位外，兼取期門、支溝以清肝瀉火，每次隨症加減治療。起初阿均每次必定由母親陪同，經過兩年多治療後，他可自行乘小巴或地鐵到診所求醫，並能參與社福機構為情緒病人而設的工作坊，而精神科藥物亦調校至適合他的份量，自信心也有所改善，還計劃與母親到澳門或日本旅遊。

穴位按摩

　　未曾受過專業訓練者當然不能自行針灸，但可以用按摩穴位代替。按摩是比較容易掌握及安全的自我施治方法，有一定的效果。按摩的機理與針灸相同，是通過按摩人體穴位，以調節人體的生理功能，改善疾病的病理過程，從而達到行氣活血、舒筋通絡、寧神止痛的作用。以下介紹一些穴位，每個穴位以指腹揉按或按壓一至兩分鐘，每天起碼一次，或依照醫師指示操作，每天持之以恆地做，定有得着。

醒腦明目，清暑除煩

1. 太陽穴：位於眉外梢與眼外角之間向後一寸凹陷處。

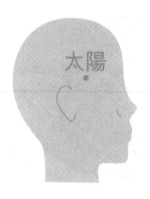

醒腦提神

2. 百會穴：位於頭部，前髮際正中直上五寸，或兩耳尖連線的中點處。

寧心安神，明目聰耳

3. 四神聰穴：位於頭頂部，在百會穴前後左右各一寸，共四穴；用上述方法按壓，或以五隻手指指腹於頭頂叩擊，可刺激頭面部血液循環，消除疲勞，使面部皮膚及頭髮光彩潤澤；是治療頭痛、眩暈、健忘、失眠的主要穴位。

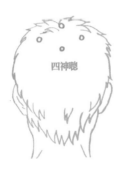

四神聰

清熱解表，通絡鎮痛

4. 合谷穴：位於第一、二掌骨之間，近第二掌骨中點。此穴位能鼓舞頭面氣血，紓緩臉部肌肉，通利五官七竅。

合谷•

清心除煩，和胃止嘔

5. 內關穴：位於前臂掌側，腕橫紋正中直上二寸，兩筋之間。

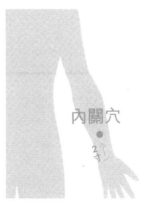

鎮靜安神，清心調氣

6. 神門穴：位於雙側手腕橫紋中尾指對下的肌腱凹陷中。睡前按壓此穴位對失眠人士尤佳。

調血潤燥，安神和胃

7. 勞宮穴：位於手掌心橫紋中，第二、三掌骨之間。

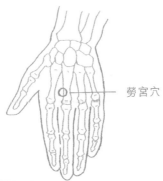

勞宮穴

疏肝健脾，和胃降逆

8. 期門穴：位於胸部，乳頭直下，第六肋間，前正中線旁開四寸；以兩手掌放於期門穴上下摩擦一至兩分鐘。

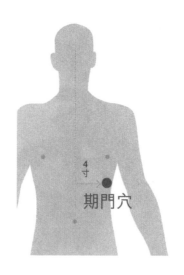

4寸

期門穴

和胃健脾，通腑化痰

9. 足三里穴：位於小腿前外側，犢鼻穴下三寸，距脛骨前緣一橫指；為保健要穴。

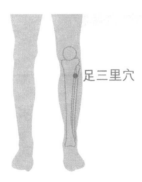

足三里穴

益腎調便，平肝熄風

10.湧泉穴：蜷足時，在足底二、三趾縫紋頭端與足跟連線的前三分一與後三分二交點上。

湧泉穴

143

主要參考資料：

1. 邢凱：〈醒神解鬱針法治療抑鬱症 120 例〉，《遼寧中醫藥雜誌》，2011：38（10）：2060-2062。

2. 喻永強、黃德青、葉繼斌：〈電針療法治療中重度抑鬱症 200例〉中醫研究，2011，24（11）：75-77。

3. https：//www.hku.hk/press/press-releases/detail/c_6784.html

4. 崔曉麗主編：《養命大穴圖文百科》，內蒙古人民出版社，2010年。

鬱證與七情致病及食療選方

崔紹漢博士
註冊中醫師

一、鬱證

根據香港衛生署 2017 年的資料，香港約七名成年人便有一人（13.3%）患上常見精神健康問題，包括混合焦慮抑鬱症和抑鬱症；每十名長者，便有一人有抑鬱症症狀。

因壓力而產生的抑鬱症屬於中醫鬱證的範疇，鬱證主要是由於情志不舒，氣機鬱滯所引起的一類病證，臨床表現為常見脅肋脹痛，或易怒易哭，或咽中如有異物梗阻等症狀，進而容易疲倦、坐立不安、難以入睡及不能專心工作，甚至情緒低落、抑鬱或絕望，嚴重者更有自殺傾向。中醫鬱證涵蓋的範圍較廣，可包括西醫學的神經衰弱（即神經功能症，無器質性損傷和病理改變的神經系統異常表現的疾病。）癔病亦是神經功能症的一種常見病，因心理刺激或不良暗示引起的一類神經（近稱分離轉換性障礙，是一種無法控制情感發洩或歇斯底里的心理疾病）、焦慮症和抑鬱症等。此外，中醫學還認為七情內傷可以致病，即疾病的發生與七情的異常變化有密切關係。

所謂七情，即喜、怒、憂、思、悲、恐、驚七種情緒變化，在正常的情況下，並非致病因素，但如果出現突然、強烈或長期持久的刺激，超出人體正常生理功能所能承受時，便會引起氣機逆亂、臟腑陰陽氣血失調，即由內傷而引發疾病。鬱證的發生，亦會源於狂喜、鬱怒、憂愁、思慮、悲哀、恐怯、驚駭等七情的異常變化引起。

中醫典籍有不少與鬱證有關的描述，如《春秋左氏傳·襄公三年》記載楚國左尹（官職）子重，於楚襄公三年（公元前570年）伐吳慘敗，且被怪罪，不堪巨大壓力以致抑鬱，不久遇「心病」而亡。明朝張景岳之《景岳全書·鬱證》云：「至若情志之鬱，則總由乎心（中醫的「心」包括大腦的機能狀態），此因鬱而病也。」簡單而言，情志不遂及壓力而產生的抑鬱，可以引發其他疾病，常見症狀為食慾減退、疲倦乏力、多夢、入睡困難、覺醒頻繁、頭暈、早醒、肌肉痠痛、性慾下降等。

壓力有時會對人體產生意想不到的不利影響。筆者遇過一個不孕症的個案，顯示精神壓力干擾了一對年輕夫婦的生育願望和計劃。患者黃先生（32歲）和黃太（31歲），結婚一年多無避孕而未能懷孕，太太婦科檢查無異常，丈夫精液檢查精子形態輕微未達標，兩人自2013年底一同尋求中醫調理。二

人均從事金融業，工作緊張，加上女方個性亦易緊張，雙方雖然經過幾年的中醫（服藥加針灸）調理，努力不懈，但一直夢熊無兆。他們除了工作緊張，甚少放假旅行外，連性生活也刻意計算日子，可惜經過幾年的努力，仍然未能成功。最近一年，雙方年紀漸長，來自長輩的期望、朋輩（多已晉升為人父母）的關心，令他倆面對生兒育女的無形壓力越來越大，情緒亦受影響。今年初，他們終於決定接受人工受孕的方法。在開始治療前，他們計劃先放假到外地旅遊減壓。誰料一次放開心情的旅行，竟然令他們一嘗多年未竟的心願，就在人工受孕開始前的一週左右，太太證實懷了孕。極度開心之餘，現仍繼續接受中醫的調理。事實上，在中醫對不孕症的相關研究中，肝鬱型的個案的確佔大多數。根據一些中醫對不孕症的臨床研究報道，肝氣鬱結型佔百分之七十一。

　　中醫臨床上根據辨證論治的原則治療鬱證，按症狀的不同分為下列證型：

147

肝氣鬱結

主要表現為精神抑鬱、常嘆氣、胸脇脹痛、納差、噯氣等。治法為疏肝理氣解鬱，常用方有逍遙散加減。

氣滯痰鬱

情緒不舒、咽中如有物梗阻，難以咯出。治法為化痰順氣解鬱，多用半夏厚樸湯加減。

憂鬱傷神

多見於女性，精神恍惚、心緒不寧、時常悲傷欲哭等，治以甘麥大棗湯加味。

心脾兩虛

思慮過久以致氣血虧虛、心悸怔忡、面色無華、失眠易暈等，治以歸脾湯加減。

陰虛火旺

心煩易怒、虛煩失眠、潮熱、眩暈、腰痠等，治以知柏地黃丸加減。

中醫治療鬱證，除了服藥外，還有針灸、食療等其他方法。本篇介紹一款四花茶供參考。

> **疏肝解鬱四花茶（一人量）**
>
> 成份：玫瑰花、茉莉花、杭菊花、素馨花各2至3克，全部放入過濾袋內。
>
> 方法：先用熱水浸茶包2至3分鐘，然後將水倒出，再用熱水浸泡30分鐘或以上即可飲用；可多次沖泡至味淡止，當天飲用。
>
> 功效：此茶能疏肝解鬱、寧心安眠、纖體美顏。

二、七情內傷

除了鬱證外，七情致病也可能與壓力有間接的關係，下文再加以論述。

人體生病和衰老，受着先天和後天因素的影響。其中生理性衰老是無人能抗拒的，但病理性衰老（即早衰或因疾病而加速衰老過程）則與後天因素有密切關係，這些因素包括自然環境、勞逸失度（包括個人的起居飲食習慣）、社會人際關係及對名、利、金錢追求的精神壓力，和本篇討論的重點——七情損傷。《呂氏春秋》云：「年壽得長者，非短而緩之也，畢其數也。畢數在乎去害，何謂去害？……大喜、大恐、大憂、大

怒、大哀，五者損神則生害矣。」一個人要盡享天年（古今中外的共識是人類的天年即最高壽數約 120 歲），並非用方法延長原本短暫的生命，而是要盡力完成上天賜與的壽數（天年），重點之一在於令身體不被過度的情緒異常變化所影響，即避免中醫強調的七情內傷。

中醫常以「情志」來表達情緒變化，《黃帝內經》云：「人有五臟化五氣」，又指出心在志為喜、肝在志為怒、脾在志為思、肺在志為憂、腎在志為恐，喜怒思憂恐就是「五志」。在五志中，憂與悲、驚與恐皆同屬，所以五志加上悲及驚即為七情。七情受損，會影響相應的內臟，如《黃帝內經》云：「怒傷肝……喜傷心……思傷脾……憂傷肺，恐傷腎。」並會影響臟腑氣機的正常升降出入，《黃帝內經》又云：「百病生於氣也，怒則氣上，喜則氣緩，悲則氣消，恐則氣下，……驚則氣亂……思則氣結。」

情緒變化的生理反應表現於內臟神經功能的調節。大腦的邊緣系統和下丘腦控制對心跳、呼吸節律、情緒及行為的調節；此外，還有植物神經中樞，就是主興奮的交感神經和主抑制的副交感神經系統。七情中喜、憂和悲屬副交感神經反應；怒、思、恐和驚則屬交感神經反應的範疇。

「喜傷心」意指過喜會傷心氣，「喜則氣緩」是指大喜則

使氣機功能低下。人在開心時，中樞神經系統的興奮性降低，而副交感神經的興奮性增高，心跳減慢、血管舒張、血壓下降，這是「喜則氣緩」的表現。但狂喜過樂則適得其反，會引起腎上腺活動明顯增強，令心跳過快，外周血管收縮、血壓升高和過度精神激動，影響心腦血管及腦功能（中醫的「心」涵蓋這兩個系統的功能），導致「喜傷心」。《黃帝內經》說：「喜樂者，神憚散而不藏。」指出過於喜樂會使神氣耗散。

　　《說岳全傳》中記載了一個因狂喜傷心而死的歷史故事。話說南宋時期岳家軍與金兵交戰連年，互有勝負。岳家軍旗下有一名大將牛皋，而金兵則有一大將金兀朮，兩人多番交手，打得難分難解，不分勝負。有一次，他們再次在戰場上碰頭，騎在馬上展開廝殺。金兀朮揮斧要斬殺牛皋，而牛皋則舞動雙鐧迎擊，兩人大戰不久，便雙雙跌下馬來，墮到地上，再次在

地上滾打起來。最後牛皋把金兀朮騎在胯下，對他大笑道：「金兀朮，你今天終於落得如此下塲，成為我手下敗將。」金兀朮聽罷，突然怒氣衝胸，口中吐血不止而亡。而牛皋由於狂喜過度，哈哈大笑不停，竟然笑到呼吸不接，氣窒而死在金兀朮身上。正是「氣死金兀朮，笑殺牛皋」，說明中醫學所指狂喜、盛怒等情緒變化，對身體極為有害，所以說「喜傷心，怒傷肝」。

寧心湯（一人量）

材料：淮小麥（包煎）30克、百合15克、紅棗（去核）10克、桂圓肉10克、雞蛋一個（先煮熟）。

製法：以五至六碗水煎至約一碗，再放入煮熟剝殼的雞蛋煎約五分鐘即可飲用。

功效：養心安神，對神經衰弱引起之失眠多夢、頭昏健忘有幫助。

悲傷和憂愁也會令副交感神經興奮，在呼吸系統，小支氣管痙攣收縮，呼氣不暢順及阻塞，吸入氧氣量減少，影響氣機，導致「悲則氣消」和「愁憂者氣閉塞而不行」；長期的悲憂可能令肺氣耗散，即「憂傷肺」，人也會變得意志消沉，正

如《黃帝內經》說：「憂愁不解則傷志。」

明代名醫周慎齋有一個病案，與「悲傷肺」有關。一名婦人因兒子逝世，傷心不已，不停哭泣，弄得雙眼紅腫疼痛。家人邀周大夫為她診治，他認為是過度悲傷而傷了肺。肺屬金，肺氣弱顯示金虛，未能正常地剋制肝木致肝旺化火；因肝開竅於目，火氣上炎，雙目受灼而紅腫疼痛。周大夫用獨參湯給病人服，以補肺氣，令肺金功能回復正常，從而抑制肝火，不讓其上炎雙目，服藥後便痊癒了。

補肺湯（二人量）

材料：南蓍60克、西洋參15克（寒底人士可用黨參30克代替）、南杏20克、北杏10克、水鴨（去皮及內臟）半隻。

製法：將所有材料洗淨放入燉盅，加水二至三碗水蓋過材料，隔水燉約三小時，調味即可飲用。

功效：健脾補氣、潤肺，適合肺脾氣虛、氣喘易累的人士服用。

上述討論涉及了七情中屬副交感神經反應的喜和悲憂，下文闡述屬交感神經反應的怒、思，和恐（驚）。

「怒傷肝」是指發怒時會影響肝臟的正常生理功能。中醫認為肝的生理功能包括主藏血、主疏洩（表現在調暢情志，調暢氣機和促進脾胃運化功能三個方面）。肝臟有貯藏血液和調節血量的生理功能，其血流量佔全身循環總血量的百分之二十至三十，約 800 毫升，這些功能是受植物神經系統，即交感及副交感神經，和內分泌系統進行調節的，其疏洩功能直接與肝臟血液循環和膽汁分泌及排洩有關。「怒傷肝」是發怒時交感神經興奮性增高，神經內分泌變化，腎上腺素、血管緊張素、去甲腎上腺素等應激激素分泌增加，導致肝細胞間微小血管收縮，引起血壓上升，面赤頭痛、煩躁、失眠、精神亢奮（中醫稱為「肝陽上亢」），這就是「怒則氣上」的表現；長期或較頻密的激怒，終致使肝功能受損，即「怒傷肝」。

　　其實中醫認為肝臟的疏洩功能失調對情緒還有另一方面的影響，就是「疏洩不及」，亦即肝鬱。若因精神刺激、情志抑鬱不暢，會導致肝氣鬱滯，氣滯不暢，有可能出現血瘀證，悶悶不樂，或抑鬱的情緒令交感神經的興奮性降低，肝臟的收縮偏弱，血壓下降，回流心臟的血液減少，加重肝鬱情況，以致更鬱鬱寡歡，多疑多慮，甚至癥瘕積聚（良性或惡性腫瘤）。在實質上，肝臟是製造、釋放及調節各種化學物質包括白蛋白、球蛋白、各類脂蛋白等的器官，如果肝損傷，這些物質會

出現異常變化。結果會導致肝鬱、氣滯、血瘀，或肝鬱過久而化火等。

　　清代名醫齊秉慧有一個醫案，說明因怒傷肝致病。話說一位陳秀才，因輸了官司，一怒之下吐血昏迷。剛好齊大夫路過，家人邀他為陳秀才診治。陳秀才兄長略懂醫術，問齊大夫可否用止血藥，大夫認為不可，否則會令病人氣悶，更加不安。兄長又問可否用補血藥，大夫亦不認同，認為當時用補血藥會引起胸痛，令病人無法忍受。兄長有點不耐煩，質疑大夫如何施治。大夫指出病人怒氣傷肝，因怒氣鬱結胸中，引發吐血，應常用散血平氣的方藥，以舒散鬱結的肝氣，藥後病人痊癒了。

疏肝飲（一人量）

材料：夏枯草15克、杭菊（後下）5克、玫瑰花（後下）5克、片糖少許。

製法：先以三碗水煎夏枯草15至20分鐘，然後加入杭菊及玫瑰花再焗5分鐘即可飲用，可加入少許片糖調味（糖尿病患者勿用）。

功效：平肝舒鬱，降壓止暈，適合肝陽上亢（肝火盛）、煩躁易怒的人士服用。

「思傷脾」的「思」是指過度集中思考問題。思考時，大腦耗氧量、腦細胞間電興奮和代謝率增高，影響下丘腦的食慾中樞，導致消化系統的外分泌及內分泌消化液的釋放異常，出現消化不良、食慾不振的症狀，就是中醫學說所指的脾（中醫所指的脾胃涵蓋了消化和吸收功能）胃功能下降，並有納差、神疲乏力等脾虛症狀，即「思傷脾」。再者，過度思考時，副交感神經的興奮性下降，令消化道的活動和分泌機能減弱，造成「思則氣結」；《黃帝內經》云：「思則心有所存，神有所歸，正氣留而不行，故氣結矣。」

　　明·張景岳有一醫案，說明思傷脾。有一位倪孝廉（即舉人），因過度用功讀書和思考，時常嘔吐，稍為勞累便發病。某年夏天，他因應酬過多，心力交瘁，引發吐血和便血，吐出如手掌般大的紫紅色血塊。家人邀張大夫為其診治，他認為是「思傷脾」，由於思慮過度，加上太過勞累，以致心脾上火；加上夏日炎炎，兩火相加，火熱迫血妄行，因而吐血和大便出血。

健脾湯（二人量）

材料：黨參 30 克、山藥 30 克、玉竹 30 克、桂圓肉 10 克、陳皮一角、瘦肉 200 至 300 克。

製法：將所有材料洗淨，放入燉盅內，加水兩碗，隔水燉約三小時，調味即可飲用。

功效：補氣健脾，對思慮過度而出現消化吸收不良的症狀有幫助。

「恐傷腎」是指人在過度驚恐時會傷及腎（中醫所指的腎涵蓋了內分泌系統及植物神經系統的功能，非單指解剖學上的腎臟）的生理功能。突然的恐懼使腎氣洩出不能固守，氣陷於下，二便失禁（正如俗語說「驚到瀨尿」）。這是因為腎臟釋放的血管緊張素，腎上腺釋放的皮質醇、甲狀腺釋放的甲狀腺素增加、精神興奮、血壓上升、心跳加快及植物神經功能失調，影響到調節大小便排洩的植物神經系統骶叢神經，而致失禁，即「恐則氣下」。如果長期受驚恐困擾，更會出現腰膝痠軟，遺精滑洩等腎虛症狀，即「恐傷腎」。再者，《黃帝內經》云：「驚則心無所倚，神無所歸，慮無所定，故氣亂矣。」事實上，驚恐可引起心悸、失眠、煩躁、精神失常等問題，即

「驚則氣亂」。

有一個近代的醫案，說明驚恐傷腎。有一青年到黃山遊玩，秀麗的景色令他流連忘返，直到天黑，他才想起回家。下山途中，經過一座寺廟，由於暮色漸濃，朦朧中他突然看見廟前橫臥着一個巨大的神怪物體，大吃一驚，連忙拔足逃跑，心中惶恐萬分，怕怪物追來。回到家中，立即有尿急的感覺，豈知排尿不久仍然尿意頻頻，隨後每天須小便五六十次，苦不堪言。向中醫求診，大夫診斷他因受驚致心無所依，即恐致氣亂，亦導致氣下、傷腎，結果心腎不交，二臟同時受損，導致膀胱（中醫認為腎與膀胱相表裏、功能互相依存）功能失調，故此小便失禁。

固腎湯（一人量）

材料：金櫻子 15 克、沙苑子（布包）10 克、芡實 15 克、雞內金 15 克、鮮鴨腎兩個。

製法：將所有材料洗淨，加水四至五碗煎約一小時至一碗，調味即可飲用。

功效：補腎固精，縮尿止瀉，適合腎虛尿頻、脾虛久瀉的人士服用。

總的來説，中醫認為情志失調可以致病。一個人受情志困擾過重過久，會導致陰陽氣血失調，臟腑經絡功能紊亂，最終出現早衰或疾病。現代醫學亦從多角度測試證實異常的精神因素，會引發身體應激的不良反應，包括神經、免疫、內分泌等功能失調，促使細胞老化，臟腑功能衰退，衰老及疾病亦隨之而來。

主要參考資料：

陳華編著：《中醫的科學原理》，商務印書館，2003 年。

于江泓、王黎亞著：《黃帝內經：六十集大型電視紀錄片〈黃帝內經〉解説詞》，花城出版社，2004 年。

韓彥超，宗豔紅，張彥恒等：117 例抑鬱症患者的軀體症狀和首診情況調查。《中國心理衛生雜誌》2008，22（16）：874-877。

註：本文部份內容曾於《信報財經月刊》（第 501 期、502 期及 504 期）發表。

第四章
壓力管理

運動與壓力管理

陳上進醫生
精神科專科醫生

　　相信不少人也知道運動對生理健康的好處，但其實在不少的研究也指出恆常的運動其實對心理健康也有莫大的裨益。心理健康不只在乎於免除精神疾病，更加可以令一個人生活得更充實更開心。運動可以幫助調適壓力，增加自信。也有助於加強記憶提升工作效率及加強人與人之間的溝通，好處可以說是多不勝數。

　　在關乎實證醫學的現代社會裏，有關運動和精神健康的研究其實多不勝數，而大型研究如雨後春筍般不斷出現。筆者集合了一些海外和本地的研究來和讀者分享。

　　一般人在面對壓力時出現的反應可以大略分為短期和長期。短期壓力反應的症狀可能是會出現心跳、手震、呼吸困難及難入睡等。長期壓力的狀況下而出現焦慮症或抑鬱症的機會增加。有研究顯示，長期壓力下出現皮質醇（坊間又名「壓力荷爾蒙」）的增加是對腦細胞的健康有負面影響，例如在長期

高壓力下的狀態，腦部處理驚慌的中心會變得比正常敏感，因為在長期大壓力之下很容易覺得身邊的一切事物也不是由自己控制，這種失去控制的心理狀態是和抑鬱症和焦慮症有着莫大的關係。

而運動是如何令以上的情況得以改變呢？

研究證實了就算在短暫運動的情況之下，腦部已會出現不少傳遞物質轉變（例如血清素、去甲腎上腺素等），而這些轉變在理論上是會對壓力的處理有所幫助，運動也有助減低壓力荷爾蒙對身體的影響。

而在長期運動之下腦源性神經營養因子（BDNF），類胰

第四章
壓力管理

島素生長因子（IGF-1）和血管內皮生長因子（VEGF）也明顯地有所提升。其中腦源性神經營養因子對於腦細胞的成長、保持健康以及修補破損是十分重要。而在不少的精神問題或是腦神經退化疾病中也會發現腦源性神經營養因子在這些病人的身上濃度偏低。當然在現今的臨床應用上還不會用上這因子作為診斷之用，但幾可肯定這營養因子和不少腦部疾病有着莫大關係。

而類胰島素生長因子能促進神經細胞之間的溝通也能讓記憶的樞紐「海馬體（Hippocampus）」的健康得以保持，從而令記性方面得以改進。

我相信很多讀者也知道抑鬱症和血清素的關係，其中一個治療抑鬱症的方法便是以血清素調節劑去增加腦部血清素。而在實驗室用老鼠作出的研究時，發覺運動能提升腦部不同部位的血清素濃度。

另外一個可能被忽略的運動好處是運動是一個很好的發炎抑制劑。長期的身體發炎和不少的腦部退化疾病和抑鬱症有着關係，身體裏面高濃度的發炎指數（TNF）也和藥效不佳有關。

除了生理上能解釋運動對精神健康的好處外。在心理上有不少理論去解釋。其中一樣是運動能增加人類對自己生活的可

控性，如何看着自己能在運動上進步或是看到自己完成一個運動計劃，從而增加自信心。

在香港也有一個針對青年人的研究，看到有恆常運動的青年人的精神健康比較佳，原因是他們的抗逆力和適應性比他們沒有運動的同伴好。

很多人又會問：做哪類運動才對壓力的紓緩會有作用？總括來説，運動分為四大種類：第一種是帶氧運動，例如跑步、踩單車；第二類是重力訓練，例如舉重、器械訓練等等；第三類是平衡訓練；第四類是柔軟度訓練。

在科學的研究上，以 30 分鐘以上中等強度的帶氧運動有着多一點的研究支持，其他種類的運動，尤其是太極、瑜伽等等心腦合一的運動，甚至有些研究顯示比帶氧運動更好，當然其他類型的例如拉筋、重力訓練等等，也有研究支持他們對處理壓力和保持精神狀態健康的成效。現在已經有初步研究去支持不同運動會對不同的腦部傳遞物質有着不同的正面影響。總括來説，結合多樣的運動種類對精神狀態的益處比單一的運動來得多。

而就算時間不許可，有着一丁點的運動也比完全沒有運動來得好。

再説一些特定的運動，首先是太極，太極是一種集合輕度

的重力訓練、平衡訓練和柔軟度訓練於一身的運動。太極有着不同的派別，有些會集中在平衡力的訓練，另一宗派對柔軟度的要求可能會高一些。總括來說，太極可以幫助參加者減少長期痛症，也有跡象會減少老人家跌倒的機會。雖然在 2010 年的統合分析研究裏面，太極對於精神健康的幫助找不到一個肯定的結論，但在之後 2014 及 2015 年的研究發覺太極對於認知能力有着裨益。

另外一個在香港熱門的運動便是瑜伽，一個基本上集合了瑜伽動作、呼吸訓練、放鬆技巧與冥想的運動。一些小型研究去支持有瑜伽經驗的人，是對於壓力的負面反應比其他人少一

些，也有一個在 2015 年香港大學發表的研究顯示，在有思覺失調女患者裏面，有參與帶氧運動以及瑜伽的組別的認知能力方面比沒有參與的好，而瑜伽組別甚至比參與帶氧運動的組別，在某些項目的認知能力更佳。

另外一個研究是公佈在刺血針（精神科）醫學期刊，當

中研究了超過 100 萬名美國 18 歲以上人士，當中有恆常做運動習慣的人，精神狀態不正常的日子比沒有做運動的人少。這種關係在團體運動，如踏單車及其他的帶氧運動上尤其明顯。

很多人以為上了年紀才做運動，對於保護腦部健康和精神健康通常太遲，因為有不少人也覺得腦袋的神經細胞一早已形成，只有一味不斷退化。但其實這是一個誤解，神經細胞在腦部是不斷轉變的，它們有着很大的彈性，功能上也可變化。人類可以從而學習新的技能。甚至在腦部某些部位，神經細胞是可以增生的。而我們腦袋的總功能不是在 18 至 22 歲達至巔峰。

當然一些功能，例如短期記憶是在二十多歲時最佳，但其他能力例如語言能力、社交相處能力是在四十多歲甚至更遲才達到頂峰。所以補腦一點也不遲。腦袋健康能保持良好時，處理壓力的能力也自然會比較佳。

筆者還是奉勸大家「有心唔怕遲」，要選擇一些自己有興趣的運動，不論種類去參與一下，再慢慢養成恆常習慣。無論對於身體健康，壓力處理，還是長期的精神健康也是一個低風險高回報的選擇。

精神健康與飲食

林思為
澳洲註冊營養師

世界衞生組織指出：「沒有精神健康就沒有健康」！

根據《香港精神健康調查 2010-2013》，年齡介乎 16-75 歲的華裔成人當中，一般精神病的患病率為 13.3%。最常見的精神病是混合焦慮抑鬱症（6.9%），其次是廣泛性焦慮症（4.2%）、抑鬱症（2.9%）及其他類型的焦慮症，包括驚恐症、各類恐懼症和強迫症（1.5%）。而 2008 年數據指出在香港就讀高中的青少年的患病率估計為焦慮症（6.9%）、對抗性行為障礙（6.8%）、注意力不足/ 過度活躍症（3.9%）、行為失常（1.7%）、嚴重抑鬱症（1.3%）及濫用藥物（1.1%）。

而不良的生活模式對情緒健康有着密切的關係。科學研究指西方飲食模式、缺乏運動、肥胖或過重、吸煙、過量飲酒、睡眠不足或失眠和缺乏社交活動會增加情緒病的病患率。

很多都市人因多方面壓力，例如工作、家庭、經濟環境、健康狀況和人際關係等，令人容易忽視日常健康飲食的原則，

例如經常出外進食快餐、不定時飲食或忘餐、因壓力而大吃大喝和過量飲用含咖啡因或酒精飲品等。多國科學家發表最新研究報告稱進食垃圾食品（junk foods）會導致身體長期發炎，增加患上抑鬱症風險。經常進食高度加工，油炸和含糖食物可以使患抑鬱症的風險增加達 60%。同時，攝取熱量過多容易引致過重或肥胖，而研究指體質指數（BMI）超過 25 或 30 以上的人，患抑鬱症的風險分別增加 27% 和 55%。肥胖亦會增加其他長期病患，例如糖尿病、高血脂、高血壓、冠心病、脂肪肝及中風的風險。如不幸患上這些長期病患，生活壓力亦會加劇，形成一個惡性循環。

以下是一些減低壓力的健康小貼士：

保持健康體重：根據 2000 年西太平洋世界衞生組織的建議，成年人的體質指標應介乎 18.5 至 22.9 之間。超過 23 屬於超重；超過 25 屬肥胖；而超過 30 便是嚴重肥胖。如發現自己屬於肥胖，建議訂立目標在四至六個月來減去原體重的 5 至 10%。

減少進食高糖份食物：包括甜飲品（例如汽水、盒裝／樽裝甜飲品、果汁、台式飲品、三合一咖啡奶茶等等）和其他高糖份食物，包括糖果、甜麵包、蛋糕、甜餅乾、甜品如雪糕和糖水等。這類食物除了熱量高之外，只含小量有益營養素，同時會因升糖指數較高，令血糖上落幅度較大因而影響情緒。

減少進食油炸和高脂肪食物：高脂肪食物尤其是含高飽和脂肪和反式脂肪的加工食物，容易令身體肥胖外，亦同時增加身體慢性炎症的情況。香港常見油炸食物包括炸薯條、炸雞翼 / 雞髀、炸豬扒、西多士、煎釀三寶等。而含有較高飽和脂肪的食物，包括肥肉、雞皮、排骨、全脂奶類產品、椰汁 / 椰奶、即食麵、焗製產品蛋撻、牛油蛋糕和雞批等。同時亦應該減少進食高反式脂肪產品，例如植物牛油、氫化植物油、酥皮忌廉湯、牛角包、葡撻和曲奇餅等等。

不要過量飲用酒精飲品：酒精能擾亂大腦的化學物質，增加抑鬱症的風險。而依賴飲酒來緩解焦慮或抑鬱，令人更難處理壓力。根據香港衛生防護中心指引，飲酒並沒有安全水平。酒精也是一級致癌物，不應作為保健之用。若無飲酒習慣，就不要開始飲酒。為健康着想和減低患癌風險，應循序漸進地減少飲酒，直至完全不飲酒為最佳。若選擇飲酒，建議男士一天不應飲超過兩個酒精單位，女士一天不應飲超過一個酒精單位。而一個酒精單位為：

- 四分三罐（約 250 毫升）酒精含量為 5% 的啤酒或
- 一小杯（約 100 毫升）酒精含量為 12% 的葡萄酒或
- 一個酒吧杯（約 30 毫升）酒精含量為 40% 的烈酒。

不要吸煙：2004 年香港有數據指出，年長吸煙者患抑鬱症

的可能性比從未吸煙的老年人高約 50%。相反有研究指與持續吸煙相比，戒煙有助於減輕抑鬱、焦慮和壓力，改善積極情緒和生活質素。建議吸煙者盡快戒煙。

多做運動：醫學界相信運動是一種天然的抗抑鬱藥可有效減低日常壓力。最近哈佛大學完成的一項研究發現，每天跑步 15 分鐘或步行一小時可以將重度抑鬱症的風險降低 26%。除了緩解抑鬱症狀外，保持運動可以防止情緒病復發。成年人每週應該進行 150 分鐘的中等強度活動。建議選擇自己喜歡的運動，尋找一個最適合自己的時間或地點做運動和可以與朋友或家人一起做運動。

有益精神健康的食物

除了要跟隨低糖、低脂和低鹽的健康飲食原則之外，日常多攝取蔬果、堅果、全穀類、乾豆類、高脂肪魚類和不飽和脂肪等，可有助減低患上抑鬱症的風險達 35%。從這類食物攝取植物性蛋白質、奧米加三脂肪酸、維他命 D、維他命 B 群、礦物質包括鋅、鎂和鐵質和其他植物性抗氧化物都有助改善精神健康。

根據 2017 年刊登於營養神經科學雜誌（Nutritional Neuroscience）的報告指，預防抑鬱症的五項主要的飲食建議有：

1. 遵循「傳統」飲食模式，如地中海、挪威或日式飲食法。

2. 增加水果、蔬菜、豆類、全麥穀物、堅果和種子的攝取量。

3. 多攝取含有豐富的奧米加三脂肪酸的食物。

4. 用有益健康的營養食品代替不健康食品。

5. 避免進食加工食品，快餐和烘焙煎炸食品及減少添加糖的攝取量。

蔬果日日 2+3

蔬果中含多種維他命、礦物質、植物性化合物及抗氧化營養素和纖維素，有助減低身體患上炎症的機會。要充份發揮蔬果中的營養功效，食用蔬果要以不同顏色配搭為佳。每日建議三至四份（六至八兩）蔬菜和二至三份水果。

不飽和脂肪代替飽和脂肪

不飽和脂肪酸包括單元及多元不飽和脂肪酸，常見不飽和脂肪的來源有植物油例如橄欖油及芥花籽油；大豆類食物例如豆腐、豆漿、鮮腐竹和豆乾；果仁及種子和魚類等等。應減少進食動物油包括豬油、牛油、忌廉、硬身植物牛油、植物起酥油、椰子油和棕櫚油等等。

奧米加三脂肪酸的食物

奧米加三脂肪酸屬多元不飽和脂肪酸，對腦部和情緒有益的包括有常聽見的 EPA 和 DHA。EPA 和 DHA 已被廣泛研究用於類風濕性關節炎以及其他炎症，包括心臟病、抑鬱症等。美國心臟協會建議每天攝取一至四克的奧米加三脂肪酸，每星期進食兩份高脂魚類（一份相等約 100 克）。高脂魚類有鮫魚、三文魚、沙甸魚、鯖魚、銀鱈魚、鱸魚、比目魚、鱒魚和吞拿

魚。若是素食或不吃魚類者，可從植物性的食物，包括亞麻籽和奇亞籽攝取到奧米加三脂肪酸 DHA。

果仁及種子

每天攝入 28 克果仁可使患冠心病的風險降低 29%，中風率降低 7%，心血管疾病風險降低 21%，癌症風險降低 15%，糖尿病風險降低 39%，全因死亡率降低 22%。而堅果和種子富含抗壓營養素包括不飽和脂肪、鎂、鉀、維生素 B 群和氨基酸色氨酸等。建議每日進食一至兩安士無鹽果仁或種子。除了果仁外，亦都可以用堅果醬如無糖花生醬、芝麻醬、杏仁醬等代替果仁。

多攝取維他命 D

研究指維他命 D 水平越低，抑鬱的機會就越大。而足夠維他命 D 可以幫助增加大腦中的血清素水平。日常可透過多曬太陽來協助身體製造維他命 D，每天吸收十分鐘陽光便能達到維他命 D 的需求。食物方面，含有豐富維他命 D 的食物包括蛋黃、肝臟、植物油、三文魚及牛奶乳製品等。美國維他命 D 委員會（vitamin D Council）建議，如有需要，可以每日從營養補充品補充 125 微克至 250 微克維他命 D，有助改善抑鬱症症狀，

但服用前最好諮詢醫生或營養師的建議。

多吃全穀類、深綠色蔬菜、適量進食紅肉及海鮮和牛奶產品

維他命 B1、B3、B6，葉酸和 B12 對神經元功能至關重要，身體缺乏這些維他命 B 群與抑鬱症有關。可從全穀類包括紅米、糙米、藜麥、燕麥片、全麥包、全麥意粉和蕎麥麵等攝取到維他命 B1 和從深綠色蔬菜攝取到葉酸。適量進食紅肉包括牛肉、豬肉和羊肉及海鮮有助攝取維他命 B12、鐵和鋅質，及有助防止貧血和增強抵抗力。其他食物包括牛奶產品、雞蛋、牛油果和大豆類食物，可提供身體足夠維他命 B2 和鎂，有助減壓。

第四章
壓力管理

多進食不同顏色的蔬果

不同顏色的蔬果能提供不同的多種抗氧化物。研究指從食物中攝取較多抗氧化物有助減慢腦部退化和發炎的機會。紅色的蔬果包括番茄、西瓜、士多啤梨及車厘子含有番茄紅素。橙黃色蔬果包括橙、木瓜、紅蘿蔔和南瓜等含胡蘿蔔素。綠色蔬果包括奇異果、牛油果、西蘭花和菠菜含有葉酸、維他命 C 和兒茶素等。藍色蔬果包括藍莓和茄子含有多酚和花青素。白色的蔬果包括椰菜、蘿蔔、洋蔥、蒜頭和梨等含異黃酮和槲皮素。

以上飲食建議只不過是一個健康均衡飲食的原則。只要不偏食、不過量進食、務求多元化飲食和懂得控制份量便很容易達至以上要求。以上飲食習慣應從小做起，才可以發揮其預防疾病的功能。

中醫利用芳香精油舒緩情緒壓力

註冊中醫師

　　自 19 世紀出現的香薰療法（Aromatherapy）是利用從芳香植物提煉出來的純淨精油做媒介，通過按摩、浸浴、薰香等方式，經由呼吸道或皮膚吸收進入體內，來達到紓緩精神壓力與增進身體健康的一種自然療法。很多人認為香薰治療是由外國傳入中國，其實亦不盡然。

　　雖然中醫典籍並無使用精油作治療疾病的記載，亦未有明確肯定利用精油治病的療效，只認為香薰療法屬於養身、保健和調控情志的範圍。不過，傳統中醫有與香薰療法近似的煙燻療法和香佩療法，前者是利用藥物燃燒後的氣味來治療疾病的一種古老方法。自戰國時期開始，中醫已經有使用煙燻療法來防病、治病。煙燻法的治病機理是直接用藥物煙燻，以產生開竅醒腦、殺蟲止癢、通絡止痛、化痰止咳、透疹散毒和保健的效果，但尚未見有用來紓緩情緒的記載。

　　至於香佩療法，則是將芳香性藥物裝入小布袋或香囊內，

第四章
壓力管理

並佩戴在身上以防治疾病，也是有悠久歷史的療法。早在春秋戰國時期就有香佩療法的記載，《山海經》云：「薰草……佩之可以已癘（防穢避邪）。」此外，《荀子》、《楚辭》亦有相關的記載，當時民間多佩戴薰草、蘭花等。漢《中藏經》記載用絳囊盛安息香末防治傳屍（相當於肺結核病）、肺痿、肺氣、瘴瘧等。明《本草綱目》有用麝香做成香佩以治療發噩夢。時至今日，仍然有些地區的人於端午節時把香囊佩戴於小童身上，以避疫邪。香佩療法在臨床應用於多方面，包括防疫癘（流行性傳染病）、四時感冒、寒性頭痛、眩暈、高血壓、頸椎病、鼻炎、蕁麻疹等，亦可用來治療與情緒病互為因果的心悸、失眠（有小方用朱砂三克、靈磁石六克研末放入布袋，把布袋固定於帽子內，戴在頭上以安神助眠）。

對受壓力及焦慮不安情緒困擾的人來說，充足而優質的睡眠十分重要。筆者通過臨床觀察，發現把精油塗於中醫常用的鎮靜安神穴位，對部份人或可起助眠作用。中醫認識到人體有些穴位經針灸或按壓刺激後可起到紓緩緊張情緒及安神助眠的作用，包括百會、安眠、風池、神門、內關、湧泉等（見附圖）。如果利用一些同樣有調控情緒、鎮靜安神的精油，配合相關穴位進行治療，有可能產生協同效應，得到相得益彰的效果。具體的使用方法如下：

1. 每晚臨睡前約半小時內任何時間使用一滴精油塗於兩至三個穴位上，每個穴位不應多於一滴，否則可能會有反效果。

2. 使用精油助眠，宜兩、三組穴位交替使用，每次兩至三個，每週交換一次。

3. 皮膚敏感者須小心觀察，如出現皮膚敏感反應如皮疹、痕癢、紅腫等情況，應立即停用，如情況嚴重應盡快求醫。

建議選用下列之精油：

■ 薰衣草（Lavender）

含有平衡情緒的能力及鎮靜成份，能幫助紓緩中樞神經，常用於減壓及失眠。當感到壓力或焦慮而難以入睡的時候，薰衣草的安神作用可有助入眠。

■ 雪松木（Cedar Wood）

對於心理及精神緊張、焦慮、強迫症及恐懼等症狀有安撫及紓緩作用，可降壓及改善睡眠質素，亦有助沉思冥想。

■ 迷迭香（Rosemary）

具有鎮靜安神、醒腦作用，亦有助紓緩消化不良和胃痛。可改善失眠、心悸、頭痛、消化不良等。

患有低血壓及懷孕婦女忌用上述方法。

使用精油安神助眠之穴位

百會穴

定位：在頭頂部，前髮際正中直上五寸，或兩耳尖連線的中點處。

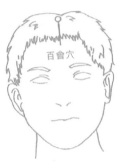

安眠穴

定位：位於頸後雙耳後下部，約耳珠與髮際凹陷中。

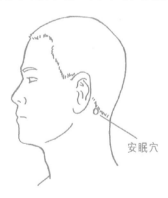

風池穴

定位：在後頸部，枕骨之下，胸鎖乳突肌與斜方肌上端的
凹陷處。

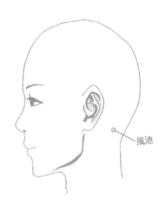

神門穴

定位：位於雙側手腕橫紋中尾指對卜的肌腱凹陷中。

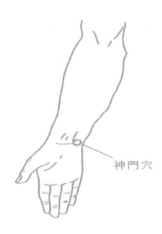

第四章
壓力管理

內關穴

定穴：位於雙側腕橫紋上二寸，手臂內側的肌腱之間。

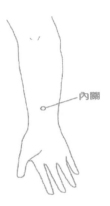

湧泉穴

定位：是足少陰腎經的起始穴位，位於腳底前三分一處（不計腳趾），當屈趾時腳底正中的凹陷中。

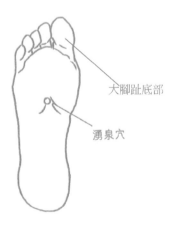

主要參考資料：

裘沛然主編：《中國中醫獨特療法大全》，文匯出版社，1991。

消閒減壓公園遊

香港心理衛生會社區教育部

　　提起消閒減壓，很多人會想起去外地遊，欣賞異地的美麗風光，然而到外地旅行所費不菲，又要請假數天，不能經常進行。香港其實亦有不少容易到達、消費低廉而又風景秀麗的好去處，那便是位於各個市鎮的公園。原來香港十八區康樂及文化事務處管理的公園，大大小小合共有一百多個，可以說區區都有好公園。以下會介紹一些較新的或較具特色的公園供大家作消閒減壓的參考。

觀塘海濱公園

　　觀塘海濱公園前身為公眾貨物裝卸區，由 2015 年起正式啟用，是啟德發展計劃一部份，佔地 3.4 公頃。園內海濱步道全長約一公里，遊人在步道上不但可以近距離欣賞東九龍新地標——啟德郵輪碼頭和跑道公園，更可遠眺港島東的璀璨夜景，飽覽維多利亞港和鯉魚門的風光。不少遊人都喜歡漫步在海濱長廊或者乾脆帶上帳篷和野餐布，輕鬆愉快在這裏度過風光明

媚的一天。

「反轉天橋底」是公園內的重點項目之一，將空置用地轉化成創意藝術文化用途，提供多元化設施，包括藝廊、戶外活動空間、開放式舞台、都市園圃、餐廳等。天橋下的公共空間，不定期舉辦藝文表演活動，更多時候則開放給公眾自由使用。天橋底的另一邊是個以視覺、聽覺及觸覺為主題的兒童遊樂場——「感官花園」。而遊樂設施較新穎，包括搖搖船、旋轉椅、感官牆等，令小孩子們樂而忘返。

公園內除了種種休閒設施外，更有模擬起重機的特色塔樓，塔樓共有四層，是海濱花園的地標建築，每天晚上 6 時至 10 時，塔樓會每隔半小時上演燈光表演，變化萬千的燈光，加上地面噴出四散的水霧，既耀目又迷幻。作為城中的攝影熱點，海濱花園的日落美景和璀璨夜色都是絕佳的素材。黃昏時分，熱愛攝影人士可拍到夕陽和色彩艷麗、層次分明的晚霞；

第四章
壓力管理

傍晚時分，攝影人士則可拍到維港對岸的璀璨燈飾和海濱花園塔樓的燈光表演。

T．PARK

T．PARK〔源．區〕位於屯門稔灣，原來是一個污泥焚化設施。T．PARK 的 T 代表 Transformation，有轉廢為能的意思。T．PARK 內不單有污泥焚化設施，更劃分多個區域讓公眾參觀、了解更多有關可持續發展的資訊及親身體驗其中！

公園於 2016 年開幕，T．PARK 擁有一個 9,800 平方米的戶外花園，包括雀鳥保護區和 2,800 平方米的環境教育中心。參觀 T．PARK〔源．區〕一般需要三小時或以上。大家記得在出發前最少三日辦妥預約；在導賞團開始前 15 分鐘到達，逾時不候。值得一提的是，不論參觀還是浸 SPA 也是免費的！T-SPA 共有三個池，均以污泥焚化過程中的餘熱保持恆溫，在池中可眺望后海灣一望無際的海景，放鬆寫意。水溫分攝氏 16 度、26 度及 36 度，大細相若，同樣水深 0.9 米，純粹浸水，無按摩功能。三個池合共只可 50 人同時浸，空間感十足，還有救生員當值。其中 36 度池最值得推介，池裏有死海礦物鹽，浸完覺得好舒服，山長水遠入來的疲勞即時消失，加快血液循環。在黃昏時看着日落浸 spa，最是寫意。

〔源‧林〕是一個戶外園林花園，當中包括噴泉、荷花池和暖水足浴池等設施。在整個戶外環境也被綠色植物包圍的地方露天足浴，確是一大享受。

T‧PARK 內另一戶外景觀名為〔源‧湖〕，它是一個重新建置的雀鳥保護區，被茂密的樹林包圍。沿着石級一直走到最尾便會到達源‧湖。天氣好的話，很大機會看到候鳥的蹤影，而沿路茂密的樹林可以是拍美麗風景照的背景！

藝術公園

藝術公園坐落在西九文化區內，自 2018 年起陸續開放。在藝術公園內海濱長廊的入口處，可以見到一座「香港新晉建築及設計師比賽」展亭，這座新建成的展亭外表極具藝術感，大型斜屋頂由一組木柱支撐，而下方呈階梯狀，不同角度都有不同的通透性、物料質感和比例，是新打卡的好去處。踏上西九龍海濱長廊，可以飽覽香港島西及維多利亞港海景的風光，亦是觀看維港煙花匯演的熱門地點之一。沿着海濱長廊都有多幅大大片的草地，適合在此漫步、運動、閒逛或觀賞海景。除了木板步行道，長廊更有兒童小天地及沙池、文化燈飾走廊，還有單車徑及單車場，是一家大小假日的好去處。

另外，藝術公園亦是舉辦露天表演、展覽和不同文化活動

第四章
壓力管理

的戶外場地。園內設有兩個藝術文化場地——M+ 展亭與自由空間。M+ 展亭是 M+ 大樓落成前，M+ 舉辦展覽的主要場地；而自由空間則是西九最新落成的表演藝術場地，內裏設有全港最大的黑盒劇場，以及集酒吧、咖啡廳和現場音樂演出空間於一身的 Live house。此外，一年一度集音樂、親子、文學、市集於一身的「自由約」，小巳由苗圃公園進駐到藝術公園的永久設施內舉行。

此外，藝術公園亦提供特別導賞服務，供學校及社區團體參與。「公園散散步」是一個 15 分鐘的導賞團，由公園大使分享設計及管理苗圃公園背後的故事。

大埔海濱公園

筆者家在大埔，鄰近大埔海濱公園便是我消閒減壓最常到的地方。公園佔地約 22 公頃，是康樂及文化事務署轄下最大的公園，斥資 2.1 億元興建，提供多項體育設施，並設有昆蟲屋和多個主題花園。公園內的標誌性建築是香港回歸紀念塔，登上塔頂，望向海的一方可盡收吐露港及馬鞍山的景色，望向山的一方則可遠眺八仙嶺的景致。公園內四時都有不同的花卉，農曆新年期間更會擺放大量的年花及水仙，芳香怡人。公園內有 1,200 米的海濱長廊，可供遊人一邊散步一邊欣賞美麗海景，

另外亦可在公園內的單車亭租賃單車，沿長廊旁的單車徑踏單車往沙田，可説是動靜皆宜。

香港天文公園

香港天文公園位於西貢萬宜水庫西霸創興水上活動中心，面積約為 1,200 平方米，由香港太空館負責管理。是一個具備觀星設施的主題公園，集古今中外具代表性的天文儀器及設備，供大眾市民以至業餘天文愛好者享受觀星之樂。天文公園於 2010 年 1 月 30 日開幕，公園劃分為三個區：天文研習區、肉眼觀測區和望遠鏡觀測區。在天文研習區內共有八件仿中國古代天文儀器製品，如：明代渾天儀、星晷、月晷、仰儀、圭表、赤道式日晷、地平日晷及正方案等。遊客更可以在人體日晷上，利用自己的影子找出當日的時刻。另外，若天氣欠佳，遊客可以在涼亭暨小型天象廳內欣賞到模擬的星際及星座，令你不會失望而歸。又由於公園位於萬宜水

庫，遊人可就近觀賞萬宜水庫一帶的景色，又或參與創興水上活動中心的活動。

濕地公園

如果想輕輕鬆鬆，無須特別準備都可以享受郊遊樂趣，相信香港濕地公園會是一個好的選擇！濕地公園位於香港新界元朗區天水圍北部，佔地超過 60 公頃，是一個世界級的生態旅遊區。絕對適合一家大小參觀。在夏季，公園內除了可欣賞多種荷花和睡蓮盛放，更可看到無數蜻蜓以及多種漂亮的昆蟲的蹤影，訪客中心佔地一萬米，其中的互動世界有五個展覽廊，從不同的角度觀賞濕地保護區包含淡水沼澤、溪畔漫遊徑、紅樹林浮橋、蝴蝶園、原野漫遊徑等，你可以在這裏感受濕地生境的奇妙世界。如果你喜歡觀鳥，最佳的遊覽時間在 10 月到 4 月之間（由於鳥類候鳥遷徙）。如果期望觀賞蜻蜓和蝴蝶，夏季則會較為合適。此外亦可以到貝貝之家探訪小灣鱷貝貝。

將軍澳單車館公園

將軍澳單館公園佔地 5.3 公頃，於 2014 年啟用，分為單車館和公園兩部份，單車館是香港首座擁有符合世界賽事單車賽道的室內體育館，公園則提供休憩空間予公眾，以人工湖分隔

兩者。公園主要劃分為動態及靜態區域。動態區域有多用途表演場地、緩跑徑、攀石牆、兒童遊樂場、長者健體設施，同時兼顧了老中青的運動需要。其中最具特色的是一個可進行極限運動的滑板場，劃分為小輪車、滑板式單線滾軸溜冰等不同區域。靜態區以綠化園景為主，有人工湖，一個很大的中央草坪及模型船池。大草地旁種了六棵櫻花（鐘花櫻桃，春天時開滿櫻花），是一個賞櫻熱點之一。

因篇幅所限，只能介紹康文屬下部份較新及有特色的市鎮公園，其實香港漁農及自然護理處轄下有四十多個郊野公園以及三個大型的海岸公園。這些公園都有十分美麗的大自然風光，都是消閒減壓的好去處。

第五章
面對新冠
病毒的壓力

面對新冠病毒的壓力

黎守信醫生
精神科專科醫生

　　小玉是一個 17 歲中五學生，在 2020 年農曆新年後，因為新冠狀肺炎疫情學校停課，直至到 5 月 27 日才復課。在 5 月 28 日上課期間，不知怎樣的，她從筆袋中拿出一把刪刀，就向右手臂畫了數次。跟着就衝出了課室，走進洗手間，關了自己在洗手間裏面，大聲痛哭。過了不久，下課小息鐘聲響起了，直到小息完結後小玉還是在哭個不停。這時下一堂上課的老師走進洗手間，叩了幾下她所在廁格的門，叫她開門出來。小玉出來後，老師連忙把她攬在懷抱裏，她便更大聲地嚎哭起來。

　　小玉生長在一個基層家庭，爸爸是一位裝修工人，在數年前已經和媽媽分開居住，只有偶爾與她和哥哥見面。媽媽是一位家庭主婦，哥哥剛好大學畢業，在一間私人公司做文職工作。小玉一向性格內斂，只顧專心讀書。從中三開始，她在補習學校補課，學業成績突飛猛進，考獲的成績排在全級前十名以內。但自從中五開始，她為了減省家庭經濟開支，停止了補課。在中五上學期考試還可以保持以往優異的學業成績。在疫

情停課期間，學校改為網上授課。她感到網上教學未能有助她掌握老師所教授的知識，而且教學進展緩慢。不過她知道在復課後老師會加速教學進程，追趕落後了的教學時間。

原來在今年3月、4月期間，她已經有數次突然感覺頭暈、心跳很快、呼吸急速，好像透不過氣來。她曾到過急症室尋求治療，醫院也幫她做了檢查，卻沒有找到甚麼身體上的疾病。她也開始有失眠，食慾不振，輕微體重下降等症狀。復課以後，她不能集中精神，也不太跟得上老師的講課，心裏滿載憂慮及煩惱，晚上更睡不着。接着便發生了課堂上的剝手事件。

新冠狀肺炎在今年農曆新年前後在香港開始傳播，學校暫停開，學生留在家中，有公私營機構讓員工留在家中工作。後來有限聚令，不准超過四個人聚集在一起，酒樓食肆要有特別安排減少人流，公共運動場所及私人運動室等暫停開放。同時疫症在全球不同地方蔓延，到7月中香港爆發第三波的疫症，

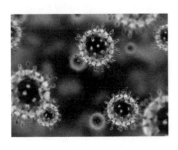

至2020年8月中全球已經有超過二千萬人受感染，有七十多萬多人死亡。在世界不同地方，為了切斷疫症的傳播鏈，都有停產停市停課及不准離家活動的安排。金融市場

第五章
面對新冠病毒的壓力

大幅波動，世界各地推出貨幣寬鬆及其他政策，以減少企業因為流動資金問題倒閉的情況，也有補助薪金或失業救濟金等政策。停產會切斷商品的供應鏈，停市會打亂市場的資金流；復產復市卻會引發疫症重新傳播的風險，事實上又真的發生了病毒再爆發的情況。各地區的旅遊航空交通等嚴重受影響，未知甚麼時間才可以恢復，也不知要怎樣預防及停止疫症由一個地方傳染到另一個地方。

　　壓力是生活上自然會發生的，處理壓力，便成了每一個人從小孩子開始在生活上必須要學習的重要部份。而遇上了這個

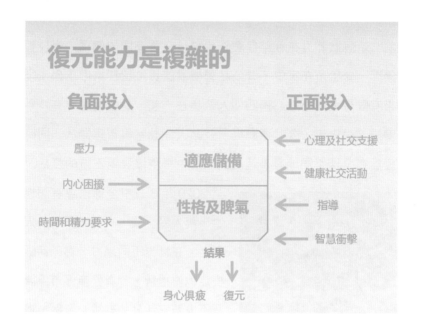

365天
減壓秘笈

世紀瘟疫，每一個人的抗疫力就好像受到了一次測試一樣。根據英國皇家精神科學院在最近的研討會中提出，一個人的抗疫力可以如下圖般來探討。

一、負面事項

1. 壓力：

新冠狀病毒，對每一個人的影響都不一樣。對學前兒童來說，可能是少了出外玩耍的機會，但爸爸媽媽居家工作，便會有多些時間和爸媽在一起。對在上學的兒童及青少年人，不用上課便有多些時間在家中玩耍；但網上學習卻考驗了家庭上網的設備和技術，也考驗了兒童及青少年人的自律、專注及自我學習能力，也考驗了家中照顧者對輔助網上學習的能力及耐心。對一般的打工仔來說，不同的行業會受到疫症不同程度的影響，有些可以居家工作，有些卻可能要無奈地放半薪或無薪假期，少了工作量亦少了收入，有些甚或被解僱而失去了工作及收入。做老闆的，可能要為公司生意、員工薪酬及營運開支躊躇，也要為借貸及還款安排而傷腦筋。如果是在住宿或日間服務、甚或在醫院工作，則要為如何安排緊急服務，而卻要避免有疫症傳染而費神。家庭照顧者，則要為張羅家居衛生設備和如何有效地清潔而努力。

2. 內心困擾：

有些人以往已經有發生災難性事件的困擾，遇上新冠病毒疫症，憂慮災難再發生，這個困擾是可以被加劇的。有些人已經有憂慮會被傳染疾病的困擾，當然會更加憂心傳染了新冠病毒。又如有些人已經有憂慮自己清潔不足的困擾，這更加會重複清潔家居或重複洗手的行為。

3. 時間及精力負荷：

由 2020 年 1 月底開始新冠病毒已在香港開始傳播，2 月至 3 月個案逐步增加，除了本土個案又有輸入個案。個人衛生防疫安排、上學工作及社交改變等持續了超過半年。家庭內外的張力，恐懼會感染新冠病毒的焦慮，經濟及前景的不明朗，沉重及抑壓的社會氣氛，這些對一般人來說都可以是不輕的精神負擔。

二、適應儲備

1. 適應機制：

一般人從小成長的過程中，會從家人、旁人及自我經歷學習到不同的適應方法。如了解事情始末，聆聽可選擇應對的方案，思索自己及家庭的情況後，作出決定應對事情。新冠病毒是一個新的病毒，科學家也需要時間去了解它，了解這個傳染

病的傳染方法、病理及治療方式，以至可能有效的預防方法。無可避免地，在病毒傳播初期會有不同的專家意見，一般人也可能因不清晰的情況而感到困惑，不知如何處理保護自己保護家人。隨着對病毒了解增加，專家的意見變得更有效及有研究數據的支持，這些資訊有助一般人安心地去面對這個傳染病。

2. 儲備：

在一般生活中，每個人都要面對各方面的事項，如工作、學業、家庭、人際關係及經濟等。去處理及適應這些事項的壓力，或多或少會消耗個人的精力和時間，對個人造成張力，減低適應儲備。當然，如果一個人的精力和時間能把生活上一般事項都處理得妥善，面對額外的壓力時，會應付得自如。但如果處理完一般生活上的事項，都沒有多餘精力，那麼要面對額外壓力，產生問題的機會便會增加。

3. 性格：

個人性格，一般來説會受遺傳因素及後天成長因素影響而成。理論上樂觀、外向、情緒穩定、脾氣溫馴及沒有焦慮傾向的人，面對壓力會有正面一些反應，會積極解決問題及尋找外來幫助，因此引起個人情緒問題的機會會少一些。相反地，悲觀、內向、情緒波動大、脾氣急躁及有焦慮傾向的人，面對壓力時可能會有較大的負面反應，未必能及時尋求外來幫助，化

解及控制問題，產生情緒問題的機會於是便會多一些。

三、正面事項

1. 心理及社交支援：

一般來說每個人都需要有一個情緒支援網絡，彼此溝通互相交流，分享喜怒哀樂，共同成長，共同享受生命的樂趣。遇上有壓力的時候，便能彼此安慰彼此扶持，甚至共同面對解決問題。

2. 健康社交生活：

每個人都會有屬於他的工作及環境，從而建立了一個慣常的生活模式。比較理想的是要有均衡的生活方式，不只是專注於工作、家務或學習等單一事項，而是需要為個人建立一些興趣、嗜好及娛樂，更理想的是與親人和朋友建立社交網絡，有共同的興趣及嗜好，有共同的運動和娛樂。經常性的帶氧及負重運動，對身體的健康及情緒都很有好處。當然，每個人都需要有自處的時間，能夠安靜、平和、甚或舒暢地享受生活。可以是在家中寧靜地看書、亦可以是在公園或海邊享受陽光、微風、美麗的風景、悅耳的雀鳥聲或有節奏的海浪聲。

新冠病毒是傳染性的疾患，保持社交距離成了阻止病毒傳播鏈的重要一步。這安排無可避免地打擾了一般人慣常的社交

娛樂活動，減少了戶外活動，減少了彼此的支援。現代科技發達，電話、信息、視像電話的交流也可以短暫成為互相溝通及支援的做法，但集體性的運動卻減少了。一個人自處的時間增加了，這也止好考驗個人的自處能耐。

3. 導師：

在學校內，可以由高年班的學長輔助初入學的學生，認識及適應學校的環境及學習。在公司的工作間，可以有資深的同事輔助初入職的同事，了解及適應公司的運作。在人生的路途上，如果有親人或朋友及長輩作為生命導師，這也可以是一個正面的輔助。

4. 智能刺激：

身體需要經常運動，腦部也需要運動。一般生活上的工

第五章
面對新冠病毒的壓力

作、讀書、家務及社交活動也有刺激腦部活動，但如果能夠有一些經常活動，挑戰智能，這對一個人提升抗疫能力有正面影響。這些活動可包括動腦筋的遊戲、繪畫、砌模型、唱歌、彈奏樂器及訓練記憶的電腦遊戲等。

從小玉這個案例來看，新冠疫症打亂了小玉一貫的讀書生活程序。不但要學習、了解預防病毒的衛生措施，適應沒有回校上課的日子，也要適應網上教學，沒有老師面對面的講解和回答問題，沒有和同學面對面的互動。未能上學，也即是多了時間困在家中，考驗她和母親相處的能耐。她並不習慣把心裏的困擾告訴母親，也不想母親看見她的不安。從若干年前開始，她已經有自覺不足的內心困擾，憂慮學業未及同學。加上性格內斂，又因為過份專注學業，未有特別為自己建立興趣和嗜好，未有安排社交娛樂活動及建立感情支持網絡。遇上新冠肺炎，打亂了學習進程，不期然加重了她對學業成績的憂慮，產生焦慮及情緒低落等病徵。

新冠病毒來勢洶洶，一波又一波地爆發，並沒有像 2003 年沙士疫症般在夏天完結。憂心被傳染是可以理解的心理反應。但如過份留意及檢查身體細微的變化和不適，經醫生檢查後卻未能放心，對檢查結果也存懷疑，甚或花了大量時間去反覆檢定自己是否傳染了病毒，也有焦慮，並感覺到不安寧。這個可

能是變成了是疑病症，需要接受精神心理治療。

　　疫症持續數個月，防疫措施、社交限聚及大部份時間留在家中，對一般人都是一大挑戰。不少人會對這些安排感覺到疲倦，會想回復正常生活，防疫意識會變得鬆懈。保持心境舒暢，而又有病毒傳染有足夠警覺性，需要人與人之間彼此鼓勵支持。家人、同事、同學及朋友之間保持溝通，建立面對面以外的共同活動及互動，例如網上的合唱團及樂團的表演、YouTube 製作的分享、網上興趣班等。當然每個人都可以利用這一段時間，從以往忙碌的生活中暫停下來，執拾家居，整理文件。又可讓身體有充足的休息，建立在環境許可下可以進行的運動，鍛煉身體。更可以建立一些以往未有時間進行而又靜態一點的興趣和嗜好。

　　有新聞報道，疫症期間因為工廠停工、航空及陸上交通流量減少，在世界不同地方的污染程度有所下降，連臭氧層的空洞也有減少的跡象。可能因為這個疫症，令我們每個人本來緊張的生活節奏也減慢下來，也可以是我們將身心靈重整的一個契機。

第五章
面對新冠病毒的壓力

第六章
求助與社區資源

有壓力，何解決？

余健新
香港心理衞生會總主任（服務）

還記得自己於就讀中七那年，為了考得好成績，每天放學後便會立刻回家，完成功課後便會重溫過往高考的試題及當天所學的課本內容一次，直至完成晚飯後，又再溫習直至晚上 11 時多便會睡覺。我想這是每位高考考生一定要以這樣的習慣準備考試。

奈何那時開始，胃部每天都出現痛楚，甚至差不多於每天學校午膳時間後，便會將剛剛吃完的午餐全部嘔吐出來。當時自己並不了解自己的情況，只認為可能吃得太急所致，況且只是於星期一至五上學的時間才發生，故不以為意，這樣的情況維持了半年。於不用上學後，這個情況已再沒有出現，不藥而癒。現在回想起來，或許當時自己正面對很大的學業壓力，因而使自己身體出現不適，幸好情況沒有持續惡化下去，否則後果不堪設想。

人生中不同的階段都會遇上大大小小的壓力。壓力本身是

中性的，適當的壓力甚至是一種推動力，讓我們發揮潛能，學習新事物等。試想如果功課沒有了限期，沒有了考試，我們是否會認真去溫習、預備功課。

然而，如果你發現壓力情況持續，而且讓你平時的表現倒退，甚至於身體方面：經常有頭痛、心痛、肚痛、失眠；心理方面：經常對於不少事件擔憂、發噩夢、認為自己一事無成，達不到自己期望；行為方面：無法完成功課、不願意見其他同學、避免社交場合、未能完成簡單工作等，以致影響身體健康、日常生活、工作、社交及人際關係，有關的情況若維持了三個月或以上，我們便要正視及尋求專業人士的幫忙與支援。

現時全港十八區均設有由非政府機構（NGO）營運的精神健康綜合社區中心，為有精神健康需要的市民提供專業服務。中心有註冊社工、護士、職業治療師及臨床心理學家等專業團

隊提供評估及輔導。各區的中心逢星期一至六開放，市民如有需要，可致電自己居住地區的精神健康綜合社區中心或親身到中心求助。

此外，網上有不少輔導服務及相關的手機應用程式：如專為 11 歲至 35 歲而設的 OPEN 噏、香港心理衞生會的「輔負得正」程式、Newlife330 等，均可提供初步介入及支援評估。

Jimmy 為一名大專學生，由表哥陪同到精神健康綜合社區中心求助。還記得第一次見 Jimmy 時，他表示自己承受着很大的壓力，於短短一個小時面談中，表達很多不安及想法，又表示全身乏力，周身都有痛楚。他稱自從副學士第二年開始，無論身體、心理及行為方面均出現不同的焦慮症狀。

他表示只有一至兩位成績優異的副學士學生成功轉至學士學位，每天均會擔心自己不夠分數升讀學士學位課程，又絕對地認為如未能就讀學士課程，人生將會沒有前途及希望，災難化自己的將來。他對於自己只能有四小時的睡眠十分懊惱，又稱就算用盡一切方法，均未能好好入睡，於床上只會不停擔憂自己的學業表現未如理想。除了與表哥保持聯繫外，差不多有數月已沒有參加親戚朋友的聚會，銷聲匿跡。

最近，他更發現自己出現不少重複性行為，次數與日俱

增，例如每天出門前，必要花半小時反覆檢查門窗、擔心家中被小偷偷竊或會有火災發生。於學校的電腦室每次使用電腦後，必定反覆登入登出七至八次，確保自己的戶口沒有被別人使用，於使用電腦互聯網時，更不時擔憂自己的個人資料外洩，甚至擔心銀行戶口辛苦儲回來的積蓄被黑客盜取。

他於短短一小時內不斷表示對於自己的情況感到困擾，因此認為需要尋找解決方法。他的表哥為社工，見到他這數月的轉變，透過一番的鼓勵及陪同下，讓 Jimmy 終於願意到中心尋求協助。經過半年臨床心理學家臨床介入及社工的輔導後，Jimmy 的焦慮情況明顯有所改善。

Jimmy 表示當再次遇上有焦慮時，如他會於彙報前，會利用呼吸鬆弛法幫助自己放鬆。Jimmy 舉了一個很有趣的例子形容自己對焦慮想法的改變。他稱每當遇上一件事情時，必會有很多的負面想法浮現，就像一個一個泡泡一樣，他表示以前的自己像被泡泡包圍，甚至會將這些泡泡不斷放大，直至變了一塊一塊大石把自己壓住。現時的他則會將這些泡泡刺穿，秘技就是懂得用正面的說話鼓勵自己，甚至客觀分析這些負面想法實際出現的可能性，因而使自己不再被負面的想法引致自己焦慮擴大，久而久之身體、心理及行為三方面的焦慮情況均有改善。

我們陪伴了 Jimmy 共一年的時間，他終於成功轉讀了學士

學位課程。最後一次面談中，他將功勞歸予我們，但實際上，我們指出完全是他自身的努力及付出。全賴他自己願意踏出第一步尋求支援，又會認真地應用呼吸鬆弛法，及每次面談後努力完成認知行為治療的家課。

無論身體或是情緒上的毛病，我們都應該明瞭「病向淺中醫」的道理，盡快尋求專業人士的幫助及支援。

為甚麼我不尋求專業協助

香港心理衞生會
社區教育部

　　生活在今日的香港，壓力無處不在，持續面對沉重的壓力會對受影響的當事人造成很大的情緒困擾，嚴重的甚至會引發精神問題，可是有關專業服務的機構卻發現：許多人不願意主動前往尋求協助，形成「需要」和需求不配合的現象。

　　人們不願意尋求專業服務去處理情緒困擾的原因很多，也十分複雜，簡單來說可能是以下各方面：

傳統觀念

　　中國傳統文化一向崇尚自強和無求。我們受着「人到無求品自高」、「求人不如求己」、「君子自強不息」等思想的影響，常常把「無求」境界看作成功和正面的生活目標；而「求助」則是失敗和負面的事。所以，非到絕境不隨便求助於他人。

個人性格

　　基於上述文化背景，有些人在成長的過程中，被潛移默化

地灌輸了一套自尊和內向的價值觀，認為向他人表達和抒發情緒心事是無益的，是把自己的弱點向人揭露，有損自尊心。基於「家醜不可外揚」的心理，我們會把情緒和壓力困擾埋藏心底，不向他人求助。

認識不足

情緒問題的臨界點

一般人可能不了解自己的情緒或精神受困擾的程度，已達到需要專業人士協助的界線，其實越早發現，對於個人的問題改善的效果越理想。故建議如對自己的情況有懷疑時，可以致電一些輔導機構熱線，或是登入或下載輔導機構的網頁或手機程序，一般他們都會提供壓力測試問卷、情緒疾病的知識等，有助個人分辨自己的困擾程度。如對於自己的情況仍然有很多的不確定，亦建議個人直接找家庭醫生、社工、輔導員、臨床心理學家及精神科醫生等作出諮詢，以便盡快找到恰當的方法接受幫助。

對專業服務（例如輔導認識）尚未普及

很多人都不知道專業輔導人員可以幫助自己解決內心的困擾和痛苦，或不知道在哪裏可以找到恰當的專業人士幫忙。他

們以為改變一些生活的方式，在家中休養一段日子，情況就會自動好轉，可是精神及情緒困擾，並非可以如此處理得到。

另外有些人士則對於專業輔導的工作缺乏認識，認為只是隨意找個人聊天，對於自身的困擾根本不可能解決得到。故一直以拖延、獨自承受的方式去處理其個人困難。輔導工作是運用心理學知識，並對於精神及情緒困擾問題的成因和解決方法有其專業建議及分析，亦會配合不同的專業團隊，為受助者制訂合適的處理方法。讓受助者得到較全面的協助，而非純粹只說出問題。

社區資源

現時全港不同的地區，均有提供精神健康綜合社區中心，在服務中亦會有社工到訪及輔導服務等，可是對於社會大眾來說，仍然未熟悉有此類別的服務可提供協助。加上社會大眾對於到中心求助亦抱有擔心，害怕被鄰居認出，被他們認為自己有精神問題，往往錯過了接受服務的機會。

標籤效應

社會和傳媒都對精神問題抱着一個十分狹窄的觀點，覺得精神問題是指嚴重的精神病問題（例如精神分裂症等）。正受

情緒壓力困擾的人，為了避免被標籤為精神病患者，影響工作和人際關係，都抗拒接受精神科醫生或臨床心理學家的治療。其實，患上情緒病十分普遍。

總結

以上的討論嘗試羅列了一般人不大願意或不懂得去尋求專業協助的原因，如果你或是你的身邊人受到壓力的影響，卻因為上述的原因未有尋求協助，在這裏我們衷心的希望你能鼓起

勇氣，衝破障礙，走出求助的第一步。

　　與壓力相關的情緒病近年不斷上升，以抑鬱症為例，根據世界衞生組織的調查所得：於 2017 年，抑鬱症已成為全球的疾病排名首位，為影響着個人健康及殘障的疾病。全球有超過 300 萬人口患上抑鬱症，每年更有 80 萬人因而自殺，可見情緒疾患對人造成很嚴重的影響。故 2017 年世界衞生日定主題為 Depression -「Let's talk」，希望減少公眾對抑鬱的負面印象而不求助。目前，抑鬱症是 15 至 29 歲組群的第二大死亡原因。長者、女性而有年幼子女的，皆是較高風險的群體。事實上，情緒病如抑鬱症並不可怕，有需要的人士一旦得到適當的治療和幫助，是可以改善問題，如常地投入生活的。

如何鼓勵身邊的家人及朋友求助

香港心理衛生會社區教育部

　　琪琪從小就很喜歡小動物，但父母不准飼養，令她失望非常。琪琪婚後與丈夫搬出來自住，飼養了一隻小狗。琪琪對小狗愛不釋手。在開心的同時，琪琪的身體、情緒均出現不同情況。

　　琪琪怕小狗不適應新環境，在家中安裝閉路電視並連接手提電話，即使上班工作時，她仍坐立不安忍不住要打開手機去看，近乎 24 小時「監視」小狗在家情況。小狗在家中吠叫，她怕騷擾鄰居，遭人投訴，有次她在家中聽到小狗吠叫，她感到擔心又心煩，不但出現胃痛情況，甚至抱頭痛哭。天氣寒冷，晚上她又怕小狗冷壞，連夜多次起床看小狗，令其多晚失眠。無獨有偶，自飼養小狗起，她經常出現腹瀉情況。琪琪理性上明白小狗其實不會有太大問題，但感受上有出現控制不到的擔憂，更令她責備自己。

思緒不寧、暈眩、失眠、吞嚥困難、呼吸急促、心跳急促、噁心、食慾不振、腹瀉、坐立不安及出汗等。

擔心和緊張是一般人常有的感受，因而讓人習以為常到自身無感覺，其實兩者都屬於焦慮的感覺，偶然出現當然正常不過，但如果感覺持續，甚至好似琪琪般，出現胃痛、腹瀉及失眠等身體反應 *，就一定需要正視了。琪琪的個案時常會在我們身邊出現，但要如何做才可以讓她感受到支持，甚至願意去求助呢？

* 非批判聆聽

應該	不應該
- 主動向對方了解以表示你的關心 - 找出對方正面的動機、態度或行為，予以肯定，如「你真是很疼愛小狗」、「你心地真好」	- 批判對方、表現不耐煩或對於當事人的症狀顯得無奈 - 給予沒有效用的建議，如「放鬆啦」或「睇開啦」 - 質疑對方觀點，如「鄰居點會咁小事投訴呀？」

以下以琪琪的情況講解如何關心身邊的人，甚至鼓勵她去求助。首先，我們可以關心琪琪的身體狀況，身體狀況較外顯，較容易了解，如「你最近面色較差，睡覺情況如何？」、「最近見你食量減少，發生甚麼事嗎？」等。及後，我們可用

琪琪近日的轉變帶出她可能已備受很大的壓力，鼓勵她多與家人及朋友分憂。陪伴、非批判的聆聽 * 及家人的配合都有助她緩解壓力。如果情況持續，甚至影響日常生活，如工作、學業等，就有需要求助專業人士了。

不少受情緒壓力困擾的人，都怕去求診精神科專科醫生，一方面認為自己情況不嚴重，另一方面怕確診患有精神病或情緒病會被標籤為精神病患者。其實，好似琪琪這類因情緒壓力較大影響生活的人，不一定需要求診精神科專科醫生。社區上有很多取得「社區精神醫學深造文憑」的家庭醫生，均對精神病及精神健康問題有基礎認識，亦可以處方相關藥物。作為琪琪的家人或朋友，都可以鼓勵她求診上述的家庭醫生，讓擔心有標籤效應的人可以有多一個選擇。

除了醫生外，居住地區的綜合家庭服務中心或精神健康綜合社區中心，均有專業社工提供個案輔導服務，亦可以是琪琪尋求協助的起步點。在鼓勵求助的同時，我們可以給予一個信息：如果及早得到適切的協助，患上精神病的機會就更低。

www.cosmosbooks.com.hk

書　　名	365天減壓秘笈
作　　者	香港心理衞生會
責任編輯	郭坤輝
美術編輯	楊曉林
出　　版	天地圖書有限公司
	香港黃竹坑道46號新興工業大廈11樓（總寫字樓）
	電話：2528 3671　傳真：2865 2609
	香港灣仔莊士敦道30號地庫／1樓（門市部）
	電話：2865 0708　傳真：2861 1541
印　　刷	美雅印刷製本有限公司
	九龍觀塘榮業街6號海濱工業大廈4字樓A座
	電話：2342 0109　傳真：2790 3614
發　　行	香港聯合書刊物流有限公司
	香港新界大埔汀麗路36號中華商務印刷大廈3字樓
	電話：2150 2100　傳真：2407 3062
出版日期	2021年7月／初版